Aprende a co

Elizabeth Bastida

Aprende a conquistarte

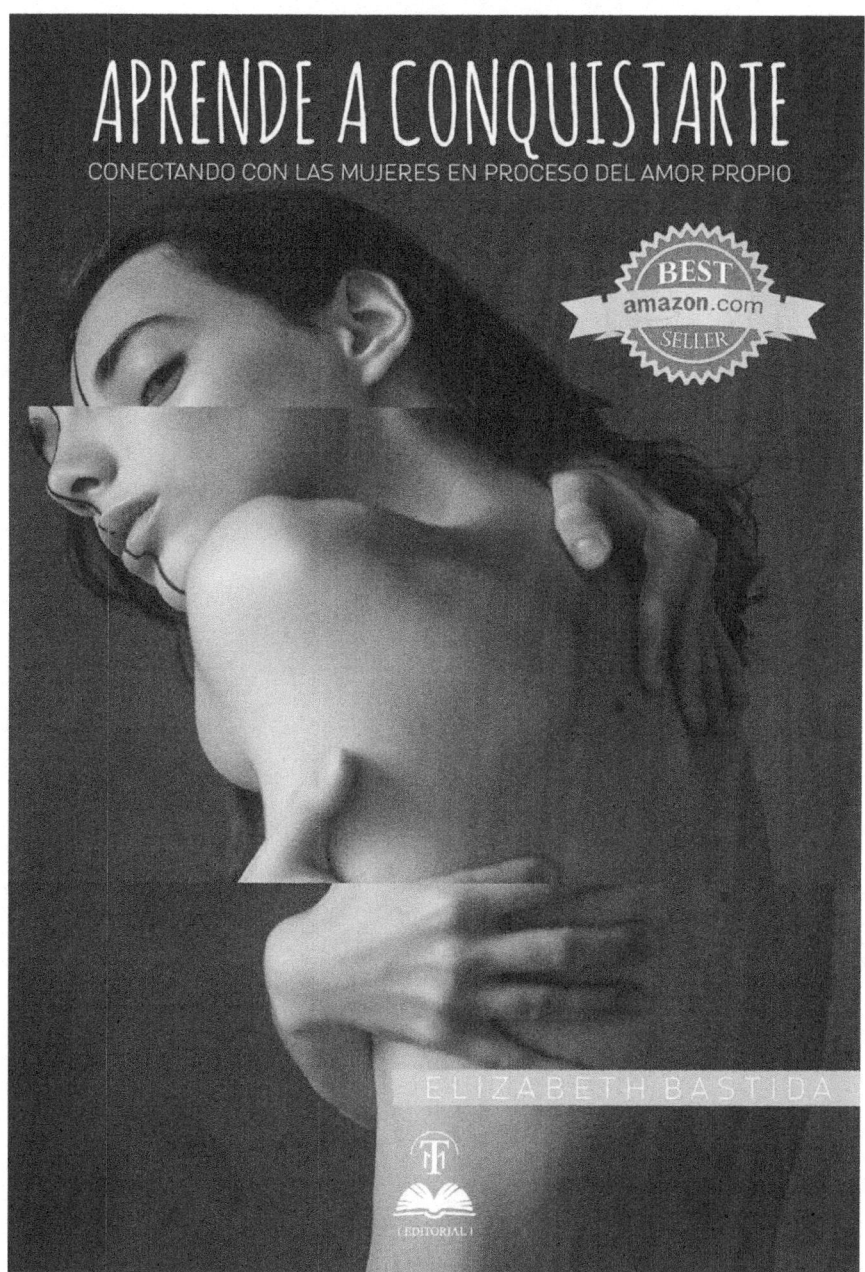

Elizabeth Bastida

Aprende a conquistarte
Conectando con las mujeres en proceso del amor propio

Elizabeth Bastida

Aprende a conquistarte. Conectando con las mujeres en proceso del amor propio.

D. R. Elizabeth Bastida.

Todos los derechos reservados. Ninguna parte de este libro puede ser reproducida, almacenada en sistema alguno de recuperación, o transmitida en forma alguna o por ningún medio electrónico, mecánico, fotocopia, grabación o cualquier otro sin la autorización escrita del editor.

Editado por Punto y Seguido Consultoría ® para

Editorial TPM.

Responsable de la edición: Luis Alberto García.

Edición: Luis Alfonso Martínez Montaño.

Diseño de portada: Dania Sofía Martínez García.

info@puntoyseguidoconsultoria.com

Ciudad de México, marzo 2021.

Elizabeth Bastida

Aprende a conquistarte
Conectando con las mujeres en proceso del amor propio

Elizabeth Bastida

Agradecimientos

A Dios, primeramente, por prestarme la vida y luego por darme la oportunidad de terminar este libro. Reconozco que sin la mano de ese Padre amoroso nada es posible, ya que permitió que se realizaran mis planes de concluir esta obra.

A mis padres por darme la vida. Sin ellos, esto no hubiera sido posible. De hecho, mi madre dejó este mundo dos años antes de empezar la escritura de este texto, pero fue una parte importante de mi inspiración y en gran medida su vida me motivó a culminar la idea de escribir un libro. Desde este mundo terrenal, donde quiera que se encuentre, le dedico mi obra que aseguro rotundamente le encantaría leer, porque conocí sus sentimientos y creo que esto que comparto con el público, con la intención de que crezca y no se quede en el piso por las duras cachetadas que la vida da, a ella también le hubiera gustado; aun expresar su punto de vista en algún momento.

A mi papá que me ha dejado enseñanzas con su modo de ser. Gracias a muchas de sus acciones ya reconozco que las personas no somos perfectas, que pueden querernos de diferentes maneras y que ningún ser humano nace entrenado para saber educar y amar.

A cada uno de mis hermanos, a los cuales amo con todo el corazón. Aunque estemos alejados de polo a polo, siempre los tengo en mis pensamientos. Cada uno de ellos ha sido como un párrafo que le da sentido a una historia preciosa. Cada uno con sus sueños, ideales y filosofías de vida son para mí una fuente de lucha valiosa.

Por su puesto, a mi esposo, Julio César López. Él me apoyó para cumplir mi sueño de escribir un libro, nunca me cuestionó o se opuso ni me dijo que no contara con él. Rememoro que me daba cada mensualidad requerida con el fin de liquidar el pago total del trabajo de la editorial. Jamás renegó de eso a pesar de que el dinero no nos sobraba. Siempre he pensado que de cada ser humano que nos rodea aprendemos una lección de vida, por ello reconozco que él también me ha aportado enseñanzas valiosas. Gracias a él pude disponer del tiempo para la escritura, ya que hubo varios momentos en que cuidó a nuestros tres hijos para que pudiera enfocarme en dicha labor. Incluso cuando pasaba algo chusco me decía: «escribe eso en tu libro». Naturalmente no tenía nada que ver con el tema, pero me hacía sentir que tenía su apoyo al creer en mí.

A mis cuñadas y mi suegra, en especial a mi cuñada Yaneth López, quien me ayudaba en la parte tecnológica. Siempre que desconocía alguna tarea de la computadora, ella me auxiliaba cuando se lo pedía, ya que no me relaciono mucho con la informática. Además, le ayudaba a mi esposo con los niños y eso significó mucho para mí. En su momento, se lo agradeceré directamente; se lo merece.

Y claro, no quiero dejar de mencionar a mi pastor, Alfonso Jonguitut, al cual conocí en el 2018. Quiero hacer pública la gratitud que tengo para con él. Ha sido para mí un verdadero maestro en lo espiritual; se ha ocupado de enseñarme y aconsejarme, de invertir su tiempo en instruirme y darme siempre el mejor consejo basado en las palabras de La biblia. Él dice que no nos soltemos de la mano de Dios, independientemente de la situación en la que nos encontremos. Y cuando debe darme un jalón de orejas, lo hace. Por él, soy capaz de sugerirte que no dejes de lado esa parte espiritual que es necesario alimentar para llegar a ser una persona más completa. Él me conoció siendo una persona ignorante en saberes esenciales de la palabra sagrada y en la actualidad puede corroborar mi trasformación. Debo reconocer que en dicha área he aprendido mucho, pero aún me falta. Antes de llegar a cualquier objetivo es necesario seguir un proceso.

A mi amiga Elizabeth Rodríguez Ceballos, quien tuvo la voluntad de escribir el prólogo de este libro. Estoy súper agradecida con ella, pues desde que estábamos en la licenciatura me reconocía ciertas cualidades. Me decía que me veía como un ejemplo para muchos y me conoció muy bien. Sin darse cuenta, me alentaba para superarme en algunos aspectos. Al enterarme de su vida y de las situaciones que pasaba, pude saber que me identificaba en verdad con ella. Eso hizo más sólida nuestra amistad, la cual fue y sigue siendo muy sincera. Ahora, estamos lejos una de la otra, pero sé que puedo contar con ella y que ella puede contar conmigo.

Elizabeth Bastida

Prólogo

Cuando comencé a leer este libro me imaginé a Liz hablando frente a mí y expresando todos sus pensamientos, sus consejos, su forma de pensar y sus palabras tan acertadas. Me hizo recordar lo cariñosa y espontánea que es con las personas, la confianza que te da al conocerla y lo simpática que es. Ella siempre está regañando y dando consejos de madre. Es una mujer madura y centrada, y lo más importante: siempre que se propone algo lo logra.

Cuando me habló sobre su libro y de lo que trataría, supe la importancia que tienen para ella las mujeres que sufren por tener baja autoestima: el compartir las palabras apropiadas para hacerlas sentir queridas, amadas, protegidas, hacerles ver que no están solas y que nos podemos apoyar unas a otras dándonos consejos sobre ciertos temas en particular.

Al leer el libro te vas a identificar con algunos temas y te vas adentrando en un mundo que no es desconocido para ninguna mujer, pues vivimos una realidad donde aún se cree que el hombre tiene más poder sobre la mujer. Eso es un mundo desigual e injusto para muchos. En pleno siglo XXI aún existen sociedades en que la mujer no tiene ningún valor, ni respeto ni derechos.

Como seres pensantes y de experiencias vividas podemos valernos y ayudarnos a superar cualquier barrera que se nos presente en la vida. Por eso es tan importante que te adentres en estos temas que la autora propone y que, como mujer, sepas que no estás sola, que eres tan importante para todos y que puedes luchar por tus sueños y tus metas en la vida. Recuerda que tenemos el tiempo contado. No somos eternas y la calidad de vida que te quieras dar depende única y exclusivamente de ti.

Elizabeth Rodríguez Ceballos, querida amiga de la universidad y cómplice de la autora.

1. Introducción

Este libro, que ahora tienes frente a tus ojos, es para ti. Por alguna razón ahora está en tus manos. Con él, podré ayudarte a creer en ti, a inspirarte, motivarte, impulsarte a hacer aquello que no te habías atrevido por miedo, por vergüenza o simplemente porque no te creías capaz de lograrlo. Te confieso que, si las otras personas pueden, inclusive yo misma, también tú puedes. Todo lo escrito a continuación se inspiró en la realidad, la cual me ha dado valiosas lecciones que quiero que aprendas, pues te ayudarán a tener una idea diferente para que empieces a cambiar aquello que no te hace feliz.

¿Por qué se escribió este libro? La idea consiste en ayudar a todas las mujeres a encontrarse con ellas mismas, a darse cuenta de que tienen un valor inmenso como seres humanos y que puedan conocer que entre hombre y mujer existe un mismo valor.

Desde muchos años atrás la discriminación de género era normal, pero en la actualidad esa frontera muy definida que separaba a los géneros tradicionales se va diluyendo más y más. Si esto lo vemos desde una perspectiva psicológica y política representa un gran avance, ya que la mujer es capaz de tomar decisiones y tiene la libertad para expresarse de forma segura. Además, ahora no corre el riesgo de ser ejecutada por opinar, por ejemplo. Sin embargo, aún existe el mito y la creencia de que el hombre es más confiable para tomar decisiones o ejercer algún cargo, aspecto que comprueba que no se ha erradicado esa desigualdad. Esta va desapareciendo gracias a que escucharon la voz femenina y la ley puso manos a la obra. Ya hay más mujeres que defienden su lugar y demuestran que pueden lograr lo mismo por sus propios méritos que un hombre. Por ello, los seres humanos debemos vernos con el mismo valor. Sin importar el género, tenemos la misma importancia en la sociedad y los mismos derechos. Ni la cultura ni la sociedad deciden por nosotras.

De hecho, una persona neutral que analice el tema sabe comprender, sin ningún estudio estadístico y por sus propios medios, que los derechos y algunas capacidades de ambos géneros son iguales. Esto lo dudan las mentes machistas, pues en su cabeza solo cabe la posibilidad de que el hombre es más efectivo, más fiable, más inteligente, más respetable... Y que han negado las oportunidades a ellas para desarrollar diversos talentos y habilidades. Muchas mujeres inseguras, al no tomar oportunidades de participar y opinar, llegan a creer que no tienen la aptitud de aportar algo a la sociedad. En cambio, otras asumiendo cierto liderazgo logran alcanzar sueños y metas que se propusieron, pues poseen armas que las hacen sentirse seguras y útiles.

Mi deseo consiste en ayudarlas a reflexionar sobre lo que han pasado en el transcurso de sus vidas, sobre todo que se tomen un tiempo para preguntarse a sí mismas si lo que han vivido lo merecen, lo quieren seguir viviendo o si les gustaría cambiar algunos aspectos, por ejemplo, su actual lugar de residencia, si viven con el hombre que esperaban, si ejercen la carrera que soñaron o si las circunstancias por las que ahora atraviesan las esperaban o no. También que analicen todas las decisiones que tomaron y sus consecuencias a corto y largo plazo, que reflexionen si eso es lo que veían venir tiempo atrás, si es lo que anhelaban, y que noten que si han tomado decisiones poco efectivas, que sepan que tienen a su alcance algunas herramientas adecuadas para ayudarse a ser ellas mismas. Sí, ser tú misma, siendo quien eres, sin tener que actuar de forma distinta o demostrar lo que otros desean ver: sentirse felices tal como fueron creadas.

Una de estas herramientas que me ha funcionado consiste en plantearte la necesidad de cambiar. Así, comenzarás a enfrentar los temores que te impiden desarrollarte, intentar cosas nuevas o tomar decisiones diferentes que pueden ser benéficas. Es cierto que es un reto ser sincera con tu misma persona con el propósito de conocerte a fondo, ya que eso implica descubrir lo más íntimo del interior. Sin embargo, es importante reconocer debilidades y defectos. Cuando esto pase, sabrás por dónde empezar a trabajar para mejorar, encontrarás un principio, tendrás un objetivo claro y actuarás con el fin de modificar aspectos que te han sumido en una vida sedentaria, deprimida, de baja autoestima.

Cuando te propongas cambiar y mejorar, no será necesaria la palabra de otros para que te estimulen a hacerlo, porque la iniciativa es tuya. En la vida que vives, tú eres la protagonista, los padecimientos emocionales los cargas tú, así que ahora, querida mujer, tienes el control de tu vida y tienes la última palabra sobre el rumbo al que desees dirigirte. Muchas veces nos enfocamos en las personas a nuestro alrededor, quienes toman las decisiones de las que tenemos total autoridad, pero al no ejecutar alguna decisión esta va perdiendo validez poco a poco. Detalles como estos van moldeando, consciente o inconscientemente, una personalidad despojada de seguridad. Esta cualidad influye en que quieras trasformar aspectos en ti y tirar barreras. El mejor consejo que puedo darte, según mi experiencia, es que a pesar del miedo y toda la incertidumbre «te avientes» a realizar algo nuevo que te auxilie a ser más independiente. No hay mejor aprendizaje que aquel que no se intenta. Y la primera vez que lo intentes será la más difícil, pues rompes con un obstáculo que te impide lograr un resultado. ¡En cada intento, notarás que tu desempeño será cada vez mejor!

Esto es uno de los varios motivos que me inspiraron a compartir mi sabiduría en este libro. Además, es importante hacerles ver a otras mujeres, a otras personas, que todos en cierto momento de nuestras vidas tenemos temores y dudas, pero quien se toma el tiempo de pensar conscientemente en su bienestar futuro es quien se arriesga y busca por sus propios medios las soluciones para empezar a concretar aquello que desea aprender a hacer o librarse de esos hábitos que no nos permiten ser uno mismo y crecer como personas. El propósito consiste en que todo lo que hagas en esta vida, lo hagas siendo tú misma y para ti. De esa manera, inicia el éxito en tu vida como persona y como mujer. Todo lo que eres es lo que atraes a tu existencia, por eso es esencial tener en claro la sintonía donde deseas estar y que, en diferentes situaciones, sepas declinar o ser partícipe de ello.

Otra herramienta consiste en que cada que vayas a tomar una decisión lo hagas de manera consciente. Busca siempre resultados que te ayuden a crecer, a aprender, para que dicha decisión esté más apegada a lo que te conviene y pienses serenamente en las consecuencias. Siéntate y trata de experimentar el resultado, ya sea bueno o malo, incluso te recomendaría ambos para que seas más analítica y así te impulses a trabajar más por lo que te hace sentir mejor. Intenta vivir esa consecuencia y así notarás si es placentero o definitivamente no lo es. Y cuando hablo de tomar una decisión consciente, me refiero a que pienses perfectamente en los beneficios que te dará o los perjuicios que te ocasionará, si vale la pena hacer aquello que ya planeaste mentalmente. Muchas veces el ser humano toma decisiones en un momento de arranque emocional, sin pensar, solo guiado por sentimientos, y no es recomendable, ya que las consecuencias no serán las esperadas. Al tomar una decisión consciente prácticamente conoceremos de forma anticipada la mayor parte del resultado. Pensar con la cabeza fría ayuda a analizar de mejor manera un problema.

La tercera herramienta es descubrir cuáles son tus más grandes miedos, los que te han hecho ser otra persona, a no vivir como quieres vivir, a no alcanzar la felicidad o la plenitud en tu interior. Tomar decisiones pensando en los demás, y sobre todo en ti, te ayudará a conocerte mejor y de ahí partir para atacar tus miedos, pues cuando los conocemos es más fácil encontrar la manera de ayudarnos y empezar a trabajar en nuestra autoconfianza.

Una cuarta herramienta consiste en estimar los cambios-hábitos que puedan darte bienestar, por ejemplo, lo que lees, lo que escuchas, lo que miras e incluso lo que hablas. Por supuesto, también influye con quien convives. Todo esto tiene peso en cómo actuamos, pensamos y somos. Empezar a relacionarte con gente que esté en la misma sintonía que tú, que te ayuden a crecer será una acción que se convertirá en una costumbre y, por lo tanto, irás cambiando poco a poco e irás atrayendo a ese tipo de personas a tu entorno. Escuchar y aprender de gente que te inspire, que aporte e inyecte buena vibra y enseñanzas, para mí, es algo 100 % recomendable, pues eso que eres lo atraes como imán.

La mujer de hoy en día debe enterarse a toda costa que puede dar más de lo que cree, que puede hacer todo lo que imagina, que es capaz de lograr por sus propias aptitudes y capacidades todo lo que un hombre hace. El estatus económico, la educación o la raza no son impedimentos para alcanzar sueños, metas y propósitos. La sociedad representa una gran cadena formada por eslabones y cada uno de estos va encontrándose conforme a metas afines. Siempre hay personas buscando lo mismo que nosotros. No eres la única que busca crecer, mejorar; todos de alguna manera lo pretendemos. Lo importante es no morir en el intento, sino siempre buscar cómo ayudarte a ser cada día mejor. Para mí, es un orgullo expresar aquí lo que pienso. Me siento complacida, agradecida con la vida, con Dios, quien me permite ver, sentir, analizar y compartir con ustedes experiencias que me han motivado a volver pública parte de mi vida y de la vida de muchas otras mujeres; historias recopiladas que merecen ser reveladas en provecho de otras mujeres.

La mujer indudablemente es un ser humano que fue diseñado con una perfección divina, con gran capacidad de amor, de entrega, de sensibilidad, y que lamentablemente ha dejado a un lado su valor, permitiendo que otros seres humanos la humillen, menosprecien, ofendan y la traten como un objeto sin importancia. En lo personal, me parece injusto que la mujer poco a poco vaya acostumbrándose y creyendo que estas acciones son parte de la existencia y que piense que es lo que debe vivir.

Aprende a conquistarte

Combatir esto es mi propósito al elaborar este libro. Asimismo, que la mujer concientice que es una dama, llena de valores y de educación, apta de poner un alto cuando sea necesario y que se sepa digna de respeto, libertad de expresión, atención y todo lo que conlleva una vida sana y feliz fuera y dentro del matrimonio.

Y que también toda aquella mujer que ya esté inmersa en un ámbito inadecuado o nocivo sepa cómo mejorar, cómo salir poco a poco de esa vida, que aprenda que los cambios son un proceso que lleva tiempo, pero que gracias a la constancia se logra lo que cada una se proponga.

Quiero que tengan claro cuando su día a día es bueno o malo, que no interioricen la idea de que todo está bien, y que cuando sea así que actúen cuando sea necesario y modifiquen aquello que no les guste o que no las haga sentirse valoradas y comprendidas. No importa si los pasos que darán serán grandes o pequeños, sino que sean firmes.

Ciertas culturas nos han arraigado en la cabeza, de generación en generación, que la mujer es inferior al hombre y que debe involucrarse solo en las labores domésticas y otras tareas menores, por ello han logrado que millones de hogares tengan féminas creyendo eso sobre ellas mismas. Pero en la actualidad existen tantos y tantos recursos que son la llave para ir desapareciendo esos mitos, como la lectura, la educación, los cursos de superación personal, los audiolibros, las conferencias, etcétera.

En este sentido, considero que mi lector ideal son todas las mujeres que quieran autoayudarse, que verdaderamente estén buscando una solución para mejorar, y esa solución es encontrar, sin miedo y negación en su persona, sus carencias e inicien el trabajo en cada área que necesite para modificar su comportamiento y su actitud.

Desde mi experiencia, señalo que el depender de otros para realizar algo me hacía sentir inservible o torpe, pero tomé cartas en el asunto. Si no hubiera sentido eso que se desencadenaba constantemente en mí, no me hubiera motivado a actuar. En este texto, te daré ideas y consejos que pueden ser de mucha ayuda para darle un giro a tu vida, un cambio que te permita sentirte valorada, amada, útil, importante, hermosa y que vayas logrando encontrarte contigo misma, sin importar la edad, la religión, el estatus social o económico... Tomar el ejemplo de los que ya padecieron por lo que estás pasando es un buen comienzo. Claro, siempre y cuando el resultado haya sido positivo y haya ayudado a la persona a mejorar, de lo contrario, es mejor olvidarlo.

Te compartiré con mucho gusto algunos consejos que he puesto en práctica y que efectivamente me han ayudado mucho. Y debo mencionar que reuní mentalmente las cosas que más me costaba hacer, pero que era importante aprenderlas y así no estar a expensas de los demás. Eso era tormentoso, primero porque no sabes si la persona tiene el tiempo, si está de humor o si lo quiere hacer; quizá le enfadaba solucionar las cosas por ti. Recuerdo con claridad cuando no sabía ni siquiera prender un carro, ya que me daba pavor sentarme en el lugar del piloto y meter la llave al vehículo para intentar prenderlo, y varias veces fracasé. La verdad, no me imaginaba haciéndolo, pero en el fondo lo deseaba realizar. Cuando manejar se convirtió en una verdadera necesidad, ahí empezó mi historia de terror porque lo ignoraba. Aun el tener que decirle a alguien: «necesito ir a...», provocó en varias ocasiones que viera malas caras y que me quedara sin

Aprende a conquistarte

hacer lo que debía porque no era una prioridad de quien me daba ayuda.

También este libro es para todas aquellas personas que saben que están sufriendo por algo y que no tienen la claridad de entender lo que está ocasionando vivir de manera incierta. Especialmente se dirige a las que en su interior ya arraigaron la creencia de que nadie las entenderá si expresaran su estado actual.

Quiero que este libro vaya dirigido a esas damas que tienen sueños, que son emprendedoras, pero que no han desarrollado nada por temor al fracaso; las que tienen sed de aprender y de trasformar hasta su propio físico para que consigan enamorarse de ellas mismas y así nadie, sea otra mujer o un hombre, las haga sentir inferiores. Es triste llegar al punto donde piensan que no eres merecedora de todas las oportunidades que la vida te pueda presentar. Y hay muchas mujeres alrededor del mundo capaces de tener la habilidad en ventas, en la expresión con la palabra, en manualidades, en cocina, en arte, gastronomía… ¡en fin! Pero por causa de las dudas que se apoderan de ellas o de su baja autoestima, alimentan el temor al fracaso, el cual rebasa su propio talento. Muchas veces esto puede originarse en dejarse llevar por los demás y hacer caso de ciertas frases típicas como «no te arriesgues porque luego fracasas» o «eso no pegará». Sin duda, hay demasiadas personas negativas a nuestro alrededor que no contribuyen con algo positivo. El arriesgarse es el paso más importante para hacer aquello que te propongas y atraer lo que anhelas.

Elizabeth Bastida

2. Mi historia de vida

Parte de la misión que tengo en la vida es llegar a ser una mujer ejemplar, ser la inspiración de otras personas de una manera positiva y posible, que noten que si yo puedo tener grandes logros, ellos también lo pueden hacer. Asimismo, quiero dejar un legado de reflexión y aprendizaje para todos los que necesiten motivación o no creen en sí mismos.

Las personas que nos ayudan a crecer en la vida son los hombres y mujeres con las que nos relacionamos. Las que más nos convienen son las que normalmente nos inspiran para aprender más sobre diversos temas que sean de nuestro interés, que nos ayudan a crecer de manera positiva, desde un aspecto intelectual, espiritual y psicológico. Considero que esto es básico el desarrollo del ser humano para mantenerse en un equilibrio. Con ayuda de los que te puedan inspirar, intenta aprender cosas que antes ignorabas, conocimientos que quizá te puedan dar una remuneración y que tal vez imaginabas.

No soy la mejor persona en este mundo como para no poner los ojos en otras y considerarlas como ejemplo para tu vida, pero sí me siento capaz y comprometida a ser una de ellas porque mi manera de actuar, de ver la vida cambió la forma que antes era. Esto amerita ser compartido con todos ustedes para que de ahí muchas personas empiecen a emprender su vuelo, empiecen a valorar su propio ser y sepan que, así como ellas, hay muchas más pasando por lo mismo, o situaciones peores, la diferencia es que a veces cada una toma decisiones muy diferentes. Lo que puedo compartirte de calidad es que lo que decidas sea para ti y siempre para ser mejor contigo misma.

Parte de la misión que tengo en esta vida también es mejorar cada vez más como persona en varios aspectos. Uno de ellos consiste en la independencia, cualidad por demás relevante para el ser humano, el que sepamos vivir al máximo para que cuando se presente alguna situación uno mismo la pueda solucionar, sin depender de terceros, ser autosuficientes y aprender más. Y quiero dejar un legado para los que me rodean, en especial a mis hijos, quienes son lo más importante en mi vida. Quiero llegar a cumplir todas mis metas y creo que solo de la mano de Dios lo lograré. En lo espiritual quiero ser firme porque es un canal importante para llegar al éxito con todo lo que quiero concluir por mí misma. Deseo que mis hijos vean en mí una mujer que lucha por un camino lleno de posibilidades tratando de aprovecharlas con la mejor actitud posible.

Ahora les compartiré una parte de la historia de mi vida. Recuerdo aquel tiempo previo a mi ingreso a la secundaria, pues para mí fue una de las etapas más confusas y difíciles, pero también en las que aprendí mucho. Vivía en casa de mis papás, en una zona totalmente rural, llamada La Soledad, municipio de Tacámbaro, Michoacán, donde lo único que había, a una hora de distancia caminando, eran dos escuelas (una primaria y una secundaria) y algunas casas habitadas.

En ese entonces, mis hermanos y yo íbamos solos caminando a la primaria, cuyo nivel era el que estábamos cursando, y regresábamos así a casa. Mi papá manejaba, pero no nos llevaba a la escuela, tal como ahora lo hacen muchos padres, ya que él se quedaba trabajando en ocupaciones del campo.

Aprende a conquistarte

A esa edad yo era una niña feliz, dentro de lo que cabía, pero consciente de situaciones tensas y difíciles que alcanzaba a percibir o que, por lo menos, detectaba y que no me gustaban. La consecuencia de ello fue que no podía demostrar lo que en un determinado momento sentía, ni expresar mis sueños e ilusiones, por ejemplo, el decir abiertamente: «me gustaría ser bailarina cuando sea grande», o secretaria o periodista.

Un cambio inmenso en mi vida empezó cuando una hermana mía, de formación religiosa y dedicada a la educación, en sus vacaciones visitó mi casa y decidió aprovechar que tenía los medios necesarios para llevarme a Guadalajara a estudiar, por ello habló con mis papas y les explicó los beneficios que yo podía obtener allá: mejorar mi nivel académico, residir en un lugar donde me podrían dar algo de dinero semanal para gastos personales a cambio de realizar algunas actividades en la casa de las religiosas (como contestar llamadas), hasta pagar una colegiatura con un descuento muy atractivo, algo imposible de realizar si me hubiera quedado en casa.

Al darme cuenta de la pretensión de mi hermana, sentí emoción, miedo, nervios… porque en el fondo me ilusionaba conocer otra ciudad, otras personas. No pensaba que extrañaría a mis padres, pese a que sería la primera vez que me alejaría de ellos. Era tan niña que mi gran ilusión consistía en la novedad que podría experimentar en Guadalajara.

Mi papá no quería dejarme ir porque yo era su consentida. Sin embargo, mi mamá advertía que yo podía tener un futuro mejor en un nuevo colegio, pues no se oponía, actitud que notaba en su semblante y su mirada, y tampoco se veía ansiosa por mi posible partida; como buena madre quería lo mejor para mí.

Elizabeth Bastida

Fue muy difícil convencer a mi papá, pues se oponía y exponía cualquier pretexto para que me quedase; tanto así que esa noche no durmió. Él hubiera expresado su desacuerdo de forma inapropiada. De hecho, si le pregunto a mis hermanos si recuerdan su mal hábito hacia nosotros, me refiero a decirnos que no servíamos para nada, todos dirían que sí, y de una forma lamentable. Creo plenamente que un padre de familia que actúe así con sus hijos, de seguro afectará su autoestima y le impedirá adquirir la confianza en su crecimiento. Incluso les hará creer lo que un mayor les dice, aunque no sea cierto.

Después de esa larga conversación, se llegó a un acuerdo: sí me iría a estudiar la secundaria a Guadalajara. A partir de ahí empezó una vida muy diferente para mí. Pasó cierto tiempo y empecé a ir al colegio. Tenía 12 años y miraba todo diferente, me sentía fuera de lo conocido y pensaba que yo no era para ese mundo donde a mis compañeras de salón las veía a todas, aunque usábamos el mismo uniforme, como niñas elegantes, lindas, educadas, adineradas…

Esta situación me hizo sentir menos que cualquiera de ellas y también me empezó a afectar porque mi mamá, y sobre todo mi papá (pese a que ambos me amaban) no supieron o no nos dijeron palabras que nos hicieran sentir valiosos, capaces e iguales que todas las demás personas. Asimismo, en aquel momento noté que cuando vivía en mi casa no tenía con quien compararme, porque para mí, mis hermanos y yo éramos iguales, no había competencia entre nosotros, pero al estar rodeada de esas otras niñas solo pensaba que nunca podría ser como ellas. Justo ahí fue evidente la baja autoestima que se originó desde mi casa.

Aprende a conquistarte

También recuerdo perfectamente que al final de una clase tuve un encuentro con mi maestra de Biología, pues durante la hora del recreo salí y me puse a llorar en uno de los pasillos del colegio. Ella se acercó a mí y preguntó cuál era el motivo de mi llanto, pero no podía ni hablar porque sentía un nudo en la garganta, por ello me dijo: «No llores, ya casi terminan las clases y podrás irte con tus papás». Le dije torpemente que mis papás vivían en Michoacán. Su reacción fue de asombro y tristeza, lo recuerdo bien, y comentó: «¿Cómo pueden dejar a esta niña tan chica y sola por acá?». Luego me abrazó.

Claro que extrañaba a mi familia, pero en ese momento de haber sido una niña más segura de mí misma no me hubiera torturado mentalmente comparándome con mis compañeras, unas niñas inteligentes que me hacían creer que no sabía nada. En realidad, mi nivel académico era más bajo porque así lo obtuve en mi escuela primaria, la del rancho, aspecto que se reflejó en mis tareas, en lo básico de los contenidos que exhibí en ellas, y que eran producto del sistema que mis antiguas maestras usaban y de los pocos recursos disponibles para el salón de clases.

Estar en ese colegio de la secundaria me hacía sentir como una basurita en el arroz blanco. A veces creía que si hablaba cuando llegase el momento de que me preguntaran algo o cuando participase todas las demás niñas se burlarían de mí. Incluso cuando me cuestionaban de dónde era, recuerdo que me daba pena decir que de Michoacán, pues creía que para ellas ese lugar era simplemente feo o ni siquiera existía en su mapa. Reconozco que esa fue una de las etapas más difíciles para mí, pues solo veía a mis papás como dos veces por año, pero también fue en donde aprendí más, ya que me iba haciendo cada vez más independiente y fuerte, aunque la inseguridad permanecía y pensaba que yo no era tan inteligente, bonita y competente como mis compañeras. Así transcurrieron los dos primeros años de secundaria.

Posteriormente, mi papá, guiado por un arranque de miedo, me sacó de estudiar y mc llevó de regreso a Michoacán porque deseaba evitar que en un futuro yo hiciera lo mismo que una de mis hermanas mayores. En ese tiempo, ella estaba internada en aquel colegio estudiando preparatoria, quien se casó. De hecho, para evitar que perdiera el segundo año de secundaria mis maestros me mandaban los trabajos a realizar y luego los regresaba ya resueltos. El último año de ese grado no fue sencillo. Más adelante hablaré de esto.

Mi padre fue un hombre muy machista. Cuando mis hermanas y yo éramos adolescentes decía que si teníamos novio nos olvidáramos de él, que nos olvidáramos de que teníamos padre. Creo que todas le temíamos, por eso el tono de enojo que empleaba al decir eso era peor que su misma prohibición de tener pareja.

Y como toda adolescente, llegó el momento donde me empezaron a llamar la atención los chicos, pero cuando alguno iba cerca de mi casa con la intención de verme a mí, o a alguna de mis hermanas, si mi papá descubría eso, salía furioso de casa portando la mayoría de las veces una pistola en la mano, aunque nunca la disparó, diciendo repetidamente un montón de groserías con la intención de que lo respetáramos y que los visitantes le tuvieran miedo. No confiábamos en él para hablar y pedirle permiso porque sabíamos de su reacción.

Aprende a conquistarte

Y cuando alguien le preguntaba por nosotras o por mis hermanos, por ejemplo, qué estudiábamos o dónde estábamos, siempre respondía al que fuera: «¡Ay, no! ¡Mis hijas son unas pendejas! ¡Las mandé a estudiar y se fueron a casar!». Esto lo decía por la hermana que mencioné anteriormente. Esto siempre pasaba cuando alguien platicaba con él y lo hacía en mi presencia o de mis otras hermanas, incluso de mi mamá. Su actitud me marcó porque conscientemente me dolía y era vergonzoso. Quizá por ser tan chica no me daba cuenta de la inmensidad del daño que sus comentarios podrían causarme a largo plazo. Además, no tenía la madurez para hablar con él seriamente, no para cambiarlo, porque hubiera sido imposible, sino para decirle que sus acciones estaban mal y explicarle las consecuencias que eso podría ocasionar en mí y el resto de las mujeres de la familia.

Pues bien, a algunos receptores de esos comentarios incómodos que mi papá hacía, les daba risa, incluso les gustaba platicar con él. Ahora pienso que eran personas con su mismo criterio. Sin embargo, otros le aconsejaban que no lo hiciera. De hecho, uno de mis tíos le daba este consejo positivo: «Manuel, no digas eso de tus hijos. ¡Apóyalos!». Hubo ocasiones donde ciertas personas, para no seguir hablando de nosotras, mejor le preguntaban por alguno mis hermanos, pero la repuesta era: «¡Ese es el más pendejo!». Él quería hacerse el chistoso con cualquiera. También en diversas charlas, ni mi mamá escapaba de su actitud grosera porque decía: «Todos se parecen a su madre, igual de pendejos». Claramente, nunca vio lo delicado de llenarles las cabecitas a sus hijos con esa información y de lastimar a su compañera de vida con agresiones verbales. Y como hay de todo en la Viña del Señor, hubo algunos que no querían a mi papá por su forma de ser y de expresarse; estos prácticamente le cortaban el rollo y cambiaban de tema rápido para evitar que siguiera hablando ofensivamente de su familia.

Debo confesar que no es nada fácil mostrar esa parte vulnerable de mi persona, incluso de mi familia, pero uso una voz sincera para abrir transparentemente mi corazón y decir: «¡Mira, esta fui y ahora esta soy!». No todos mis hermanos tomaron las cosas de la misma manera. Y considero que mi padre solo reflejaba la forma en que fue educado, pues no conocía otra manera de actuar. En su hogar creció y recibió cierta información errónea. ¿Qué se podía esperar que compartiera una vez que tuviera su propia familia? Sin duda, nadie puede dar duraznos cuando únicamente tiene naranjas. Incluso cuando eres pequeño no se tiene la madurez de analizar el comportamiento de los padres y entenderlo. Si fuera así, ningún niño saldría lastimado. Yo estoy segura de que él no lo hacía con el afán de hacernos sentir mal, porque lo conozco. Su objetivo era hacerse el simpático con las personas que lo escuchaban, ya que le gustaba caerle bien a todos y creía que esa era una forma de hacer reír a la gente con la que conversaba.

Retomando el tema de mi formación, estudié el último año de secundaria gracias a la influencia de mi hermana mayor. Me fui a vivir con ella en un pueblo que queda como a dos horas de casa de mis papás. Ahí estudié mi preparatoria también. Claro que fue diferente, pues ya había pasado ese obstáculo de la ausencia de mi familia cuando estuve en la secundaria, pero mi inseguridad seguía, aunque en menor medida. Lo que yo hacía para no mostrar a los demás que tenía ese defecto era tratar de evidenciar todo lo contrario, es decir, mostrarme segura de mí misma.

Aprende a conquistarte

Lo hacía por temor a que conocieran esa parte frágil de mi personalidad, pues creía que si alguien lo sabía podría usarlo en algún momento para atacarme, así que decidí guardar eso conmigo; lo más probable era que fuese un secreto a voces. En diferentes momentos, corroboré que fui una persona que no se valoraba cada vez que salía, cada vez que se miraba al espejo, porque veía a otras chicas de mi edad y me comparaba con ellas mental y visualmente. Sin embargo, trataba de mejorar mi aspecto físico y mi forma de vestir, algo que funcionaba por momentos.

Aun cuando estuve en la preparatoria noté que las chicas de mi escuela eran diferentes a las que había conocido en el otro colegio de Guadalajara. Tenía compañeras provenientes de rancherías y de otros pueblos, y en general no las consideraba una competencia o una amenaza, pese a que las veía menos educadas, más sencillas y dueñas de un lenguaje diferente. Y bueno… me sentía mejor. Al ser de una cultura diferente llegué a sentirme equilibrada, en general, en algunas ocasiones. Digo eso porque estaba ya acostumbrada a la vida que las religiosas me inculcaron en la escuela tapatía, tales como modales, valores y hábitos. Incluso tomé clases de urbanidad todas las semanas, pero hubo muchos momentos donde volví a experimentar la inseguridad y la falta de estima en mi persona, momentos en los que tenía que mostrarme ante el mundo sin la ayuda de nadie, por ejemplo, hablar en voz alta en clase, exponer mi punto de vista o el hecho de tomar decisiones difíciles e inconvenientes para no comprometerme o no socializar en exceso por miedo a hacer las cosas mal, aunque a mí me gustaba y me gusta mucho hablar.

En aquel tiempo no hablé con nadie sobre mi situación, pues temía que alguien lo usara en contra mía. Aunque hay personas que muy fácilmente detectan cuando otros tienen falta de estima, por más que se quiera disfrazar; en mi caso, considero que puedo hacer eso. Además, creía que nadie me entendería y ni yo estaba segura de que padecía falta de seguridad, pero sabía que algo me ocurría. Platicar con mis padres sobre este tema era prácticamente inútil –algo que ahora entiendo– porque mi papá en particular no hubiera sido un buen consejero para mi problemática, ya que él era un hombre insensible y machista que no se prestaba a escuchar con fines de instruir a los demás; imposible que de la noche a la mañana una persona cambiara para bien o para mal. Respecto de mi mamá, creo que sí era capaz de escucharme, entenderme, abrazarme y hasta llorar conmigo, pero yo veía en ella lo mismo que en mí: carecía de libertad de expresión, y más que eso, impotencia por no poder darle vuelta a la página, así que opté por no preocuparla.

En ella veía la sed de ayudarnos, de que mi papá nos tratara diferente a mí y a mis hermanos, y hubo muchos disgustos entre ellos por esa razón. Ella sufría por ver ese cuadro tan frecuente, pero en su cabeza pasaba la idea de que mi papá nunca entendería razones para cambiar la forma de tratarnos emocionalmente porque lo conocía bien. Ahora pienso, analizándolo e interiorizándolo, que ella me hubiera comprendido del todo al enterarse por lo que estaba pasando, pero que carecía de un método efectivo de parar este tipo de vida, ya que ella no había conseguido ayudarse siquiera a ella misma. Con el tiempo solo estaba resignada, aunque no convencida, de vivir así (bien se sabe que no puedes dar lo que no tienes). En cambio, considero que si hubiera encontrado una forma de enfrentar y superar esa manera de vida lo hubiera reflejado en su día a día y, por ende, yo hubiera sido capaz de preguntarle: «¿Cuál fue la fórmula que usaste para liberarte de una vida donde se considera que tu opinión tiene poco valor o no tiene gran peso como la de los demás?».

Transcurrió el tiempo y llegó la fecha para ingresar a la universidad en la ciudad de Morelia, Michoacán (en México), lugar donde concluí la carrera de Pedagogía en enseñanza del idioma inglés y ya tenía más madurez, pues tenía una visión diferente de las cosas y reflexionaba más sobre la vida y lo que sucedía a mi alrededor. Esa nueva consciencia me impulsó a indagar, a interesarme en leer libros de superación personal con el propósito de ayudarme sin delatarme con alguien que me escuchase cara a cara. Supe que había llegado el momento en que, más que preocuparme, me debía ocupar.

De hecho, me gustaba escuchar a alguien que tenía opiniones interesantes en general o que demostraba ser conocedor de temas para conversar, como la cultura, el arte o la economía, o de sus vivencias que me brindaran un aprendizaje. Disfrutaba oír eso en gente de confianza; me podía sentir yo misma y sentía que ahí era mi sitio, donde encajaba. Incluso podía hacer pregunta tras pregunta sobre lo que conversaba. En este sentido, recuerdo mucho a un expatrón, dueño de un restaurante, que cuando no teníamos clientes me platicaba de diferentes asuntos: lo que había pasado, conocido, estudiado; me agradaba hablar con él. Curiosamente, a los demás empleados les aburría o simplemente no se hacían participes de la charla. Preguntar, aprender, saber e investigar me gusta mucho. Culminar esas acciones me hacen sentir con una estima equilibrada y presto mucho interés al creer que puedo aprender algo de los demás, ¡me hacen sentirme segura! Me relaciono mucho más fácil con personas mayores que yo que al convivir con gente más joven o de mi edad. Creo que son pocas las personas de las que puedo aprender. Me siento bien con personas maduras física y mentalmente.

Trataba de aprender de las personas que tenían conocimientos en general, quería empaparme de información que me sirviera y fuera cambiando ese aspecto en mí. Me gustaba y me gusta escuchar mucho al doctor César Lozano o a Walter Riso. Muchos de sus consejos los empecé a poner en práctica en mi propia vida. Incluso hubo ocasiones donde me sorprendía demasiado al oír comentarios de otras personas que decían: «Mis respetos, ¡quisiera tener tu seguridad y saber cómo le haces porque lo que te propones lo haces!». Bueno, ese era mi objetivo: demostrar que no padecía de inseguridad. Y siempre que leía alguna página o párrafo de algún libro de autoayuda de cualquier autor y hallaba algún fragmento con el que me identificaba, trataba de anotarlo o memorizarlo, pues sentía que ese autor me describía. Y sabía que ese libro merecía terminarse.

Es evidente que, en diferentes etapas, desde la secundaria hasta la universidad, padecí la falta de autoestima e inseguridad bajo diferentes circunstancias, pero cada una de ellas representó una lucha continua muy desgastante porque sentía impotencia y sentía que la vida se me iba sin aprovecharla y sin sacarle jugo a mi juventud. No disfrutarla en toda la extensión de la palabra.

En la licenciatura me comparaba con otras mujeres, nunca con hombres, que admiraba. Lo hacía porque en verdad las consideraba muy estudiosas, inteligentes, bonitas o educadas. Si veía a alguien que no contaba con eso, no deseaba imitarla, pues soñaba con ser una chica sabia y normal, y sobre todo segura de lo que hacía y decía. Al ver a esas chicas admirables pensaba:

Aprende a conquistarte

«deben tener unos papás muy educados, seguramente tienen dinero. Quizá siempre estuvieron en escuelas mejores que en las que yo estuve». Y sí, sus papás eran profesores o tenían otra actividad. Para mí es muy importante recalcar que ser respetuoso e instruir a los más pequeños no es cuestión de economía, sino de valores y de moral.

En otros momentos, estuve desgastándome y haciéndome sentir mal solita e intentaba revertir todo eso por medio del estudio de diplomados. Uno de estos fue de masajes relajantes; lo hacía para mantenerme ocupada y disminuir el malestar. Pero surgía un problema durante los días de práctica en la cabina de masajes, pues miraba que otras compañeras eran más bonitas y eso me hacía sentir mal, no lo puedo negar. Al compararme, me veía muy delgada y no me gustaba. Si hablaba sentía que decía una cosa por otra y no daba a conocer lo que en verdad quería expresar, ni siquiera mi propia voz me convencía y transmitía el mensaje con baja calidad, y no como lo había estudiado. Me sentía impotente de saber que pasó mi turno y que no di al receptor una idea clara y convincente, todo por mi inseguridad. Podía prepararme toda la noche, pero a la hora de exponer algo no salía como lo esperaba.

Confesar esta parte de mí me daba temor y tenía dudas, pero ahora no me da pena revelar esta página de mi existencia, porque me gusta aprender y crecer. Es cierto que es una parte íntima de mi existencia que implica vulnerabilidad, pero me complace compartirlo con ustedes y que sepan que no solo ustedes pueden pasar por estas situaciones. Todos somos seres humanos y sin excepción poseemos una debilidad en particular en nuestras vidas, la cual podemos cambiar y volverla parte de una historia pasada.

Ahora quiero compartir otro caso de una amiga de la universidad, una chica seria que deseaba ser aceptada y encajar en el grupo. Notaba realmente que no era de la manera que actuaba porque su inseguridad la obligaba a ser y a decir cosas que no acostumbraba. Siempre se reconoce a otra persona con rasgos en común. Sucede tal como el dicho: «Dios los hace y ellos se juntan». Un día me le acerqué y la invité a tomar algo después de la clase, propuesta que muy feliz aceptó. En esa charla confirmé que pasaba por algo similar a lo mío. Cuando salió de sus labios que tenía un complejo de inseguridad, me quedé muy sorprendida, pese a que ya lo sospechaba. Su mirada, sus gestos, el tono y el volumen de la voz con el que hablaba y su postura me daban pistas para pensar que ella sufría de inseguridad.

Todo lo que el ser humano hace y dice es lo que en gran manera lo define, o que por lo menos muestra a los demás; es una parte que deja conocer quizá inconscientemente. Mi mamá en ningún día que Dios le permitió vivir mencionó que tenía algún complejo de baja autoestima. No soy experta en identificarlo pronto en las personas que lo tienen, pero pude darme cuenta de que sí vivió con ese problema. De hecho, tengo muy presente que nos gustaba mucho, en especial a ella, escuchar un CD de Cri-Cri que incluía una canción llamada «La muñeca fea». Mi mamá, al oír esa pieza, decía: «¡Esa muñeca soy yo!». Ese comentario nos causaba risa. Sin embargo, revelaba un problema. Al analizar esto se puede asegurar que tampoco conocía el valor que en verdad tenía como ser humano, pese a ser una mujer alegre y ejemplar en muchísimos aspectos. Sin duda, lo que creas de ti es lo que los demás piensan y ven en ti; con base en ello te tratan. Y muchas veces pude ver que mi madre no se sentía merecedora de algunas cosas que llegaron a

Aprende a conquistarte

su vida, como ropa, algún cambio de look (que una de mis hermanas le regalaba de vez en cuando), ya que no creía ser digna de ningún detalle. No lo rechazaba, aunque su semblante mostraba sorpresa, agradecimiento y vergüenza a la vez.

Hay otro aspecto que quiero mencionar relacionado con mi infancia y que considero importante para concientizar a los padres de familia. Recuerdo mucho que de pequeña mi papá decía en presencia de mis hermanos que yo era la consentida de todos. Escuchar eso era algo bonito y me sentía súper bien al oírlo. Pero veía que a ellos eso no les gustaba; a mi otra hermana, la más pequeña, lo dicho la ponía triste. Asimismo, sus palabras las reforzaba con sus hechos, pues cuando salíamos a algún lugar, por ejemplo del rancho al pueblo más cercano, él quería que siempre viajara a su lado en el vehículo. No le importaba el orden en que se acomodaran los demás. Al presentarme con algún amigo o conocido, siempre afirmaba orgulloso: «¡Esta es la consentida de todos!», palabras que decía en presencia de mis hermanos o incluso de mi mamá. En mi recuerdo, ella hacía el momento menos doloroso o penoso diciendo: «¡Yo no tengo consentidos! ¡Yo los quiero a todos igual porque todos son mis hijos!». Claro, también todos éramos hijos de mi papá y era verdad lo que decía.

Al reflexionar y meditar sobre lo anterior, puedo señalar con firmeza que los padres al actuar así cometen un gran error que puede llegar a ser irreparable. Ahora, trato de ponerme en el lugar de mis hermanos y tratar de sentir lo que sentían al escuchar y ver esa actitud de nuestro papá, un adulto, quien se supone pensaba mejor que una niña, como la que yo era en ese entonces.

Quizás mis hermanos pudieron sentir el rechazo y su poca valía ante mi papá. Además, ellos nunca me confesaron que hubieran sentido algún tipo de sentimiento negativo hacia mí por ese motivo. Sin embargo, creo que no porque mi hermana, la más pequeña y la que convivio más conmigo, siempre fue muy apegada a mí y no me mostró rechazo o algo que hiciera notar que por causa mía mi padre no la trataba igual. Además, mi madre no podía cambiar eso porque él fue terco, machista y necio. De hecho, no le daba importancia a su consejo cuando le decía que su actuar no era correcto.

He platicado con alguno de mis hermanos respecto al tema y lo recuerdan, pero con cierto enojo dirigido a mi papá, no hacia mí. Ellos entendieron bien que yo era una niña incapaz de ver la trascendencia de ciertas situaciones y que él era una persona «madura» y guía de la familia. No obstante, era muy contradictorio porque, así como decía que yo era la consentida, a veces mencionaba que no servía para nada o que todos parejos éramos unos pendejos. Para alguien de ocho a quince años eso representa un veneno emocional que difícilmente se olvida, ya que para los niños sus padres son héroes y ejemplos por seguir. Al saber que los padres se atreven a actuar así, un pequeño pensará que cualquier persona lo puede tratar de ese modo. Esto francamente, me marcó porque ahora que soy mamá, trato de no cometer esos errores con mis hijos. Es cierto que del ver y vivir se aprende con el propósito de cambiar y ser una mejor versión de sí mismo.

Para todo infante, cualquier detalle, por más insignificante que sea, tiene poder y significado. Rememoro que mi papá cuando regresaba a casa traía algo para nosotros, por ejemplo, nos gustaban mucho los chicles Motitas (que ya no existen). Él,

Aprende a conquistarte

por costumbre, siempre se aseguraba de que yo fuera la primera en escoger los del sabor que prefiriera y si quería más de uno los podía tomar, luego los restantes se los daba a mis hermanos. Igual era con el dinero: si traía monedas me regalaba una de diez pesos y a mis hermanos les repartía otras de cinco, uno y dos pesos. Esa diferencia tan marcada fue muy notoria. A veces por sus acciones me sentía bien, pero cuando se expresaba mal de mí, en verdad albergaba un fuerte sentimiento en mi interior y me dolía más que recibir un trato preferencial. Asimismo, en mi casa era la niña intocable, ya que mis hermanos no podían pegarme y si lo hacían los acusaba con mi padre, quien se enfurecía y usaba un vocabulario muy duro, con groserías, para reprenderlos, e incluso los llegó a golpear. A mí jamás me puso una mano encima; nunca me corrigió con golpes físicos. Por otra parte, mi mamá demostraba lo que decía, y me refiero a que nos trataba a todos de la misma manera. Al portarnos mal o al desobedecerla, sí nos daba nuestro merecido con alguna vara, cinturón o usando la mano; no tenía preferidos y lo hacía cuando debía.

Hay otro episodio que deseo compartir. Recuerdo bien que hace bastantes años anduve con un chico por el cual no sentía mucha atracción. Era evidente que le gustaba y se me hacía inofensivo, por ello cuando me invitó a salir acepté. Luego se dieron otras citas, pero lo hacía porque sentía feo decirle «no». Y llegó el momento en que me pidió ser su novia, pero yo no estaba lista, pues no me gustaba lo suficiente. Sin embargo, él me ayudaba a su manera e invertía su tiempo en mí. De verdad, me sentía comprometida y consideraba espantoso negarme a su petición después de salir juntos en varias ocasiones, así que lleve a cabo lo incorrecto y le dije que sí. Ahora, me doy cuenta del poder de una simple palabra. La inseguridad te lleva a hacer ciertas cosas por el simple hecho de no ser tú misma. Bueno, ¿quieren saber qué pasó? Terminamos. Lo dicho es un ejemplo de que tomé una decisión pensando en alguien más, pues prefería no lastimarlo e ignoraba mi propio bienestar.

Al respecto, tengo un consejo para las adolescentes: no tomen ciertas decisiones si no lo sienten. A esa edad uno está más preocupado por el que dirán y queremos caerle bien a todo el mundo, algo que hasta cierto punto es normal. Una adolescente, como yo en ese tiempo, necesita la orientación de sus padres, ser instruida. Por ello, al tener ese rol debemos conocer bien a nuestros hijos y hacerles sentir que pueden contar con nosotros siempre y en cualquier momento que sea necesario, así tendrán la confianza de contarnos sus problemas.

Desafortunadamente, muchas jóvenes le tienen más confianza a una tía, una amiga o a otra persona. Eso es desafortunado y no debería ser así. No me canso de repetir que todo lo que vivimos es una lección que la vida nos da, y que si no aprendemos de las lecciones siempre se repetirá lo mismo a lo largo de nuestra existencia.

Mujeres, ¡actúen! No dejen para después el cambiar ciertas situaciones. Si eres adolescente o alguien casada, aún estás a tiempo. Solo es cuestión de identificar el problema a resolver, que te encuentres y diseñes el estilo de vida que deseas.

3. La inseguridad y el miedo originadas por el machismo

A lo largo de mi vida, me ha tocado analizar varios cuadros de machismo, de falta de estima en mujeres que simulan vivir una vida aparentemente normal. Desafortunadamente, la crianza de los padres hacia los hijos influye con un poder tremendo para que crezcan con una autoestima normal o no y que se sepa diferenciar entre relaciones sanas de las que no lo son.

Este tema es tan complejo que no le encuentro un principio, pero claro está que el machismo es una forma de pensar tan errónea, ya que se ha creído que el hombre es superior a la mujer, como si fuera algo dado por naturaleza. Leyendo, mirando e investigando pude reconocer lo que es el machismo. Así pude identificar que en mi casa se presentó por muchos años sin generar un problema aparente. ¿Por qué lo digo así? Porque al tener un hombre «macho» en el hogar se desajustan aspectos como la libertad de expresión y de decisión, y pueden surgir ciertas barreras o limitaciones en el actuar y el ser. Esto poco a poco provoca falta de estima en una mujer, ya que llega un punto que no se cree merecedora de expresar lo que piensa en determinado momento.

Al machista casi siempre lo señalamos, lo juzgamos, lo culpamos, pero vayamos a la raíz del problema, es decir, desde la crianza las madres jugamos un papel importante y tenemos, como dije antes, el poder de influir en la conducta de los hijos de una manera impresionante, ya que somos nosotras las que estamos más tiempo con ellos, sobre todo en una edad temprana en que se les deben inculcar tareas o responsabilidades sin importar el género. En un hogar donde hay machismo, al niño es imposible que se le enseñe a lavar el plato del que comió, que tome una escoba o un trapeador para limpiar el piso o que deba servir la comida, pues eso debe corresponderle a la hermana o la mamá, y peor aún siempre le prohíben llorar porque hay una frase típica que aún se usa: «Los hombres no lloran». Se sigue tanto este patrón que la sociedad lo ha normalizado sin tener consciencia del daño que provoca tanto en mujeres como en hombres.

Sí, las consecuencias no solo las sufre la mujer, sino también el hombre, quien debe padecer ciertos estragos. Si tiene un sentimiento fuerte, no debe llorar y eso le puede ocasionar una enfermedad física o emocional. Todo ser humano necesita amor, cariño (reflejado en un apapacho), escuchar que lo aprecian, y he pensado que el hombre machista se pierde de todos esos privilegios, pues difícilmente, al defender esa actitud, la mujer no le expresará abiertamente su sentir y sus emociones, los cuales bien sabemos son incontables.

Otro aspecto muy notable en un hombre machista se refleja cuando le quita el privilegio a ella de trabajar y así tener un salario. A él, esto le provoca un gran malestar porque se siente menos que la mujer. Lo dicho es algo anormal, pues se «priva» de la libertad a alguien más. Una relación sana se fortalece con base en experiencias y conocimientos y los miembros se ayudan mutuamente con el fin de crecer como familia, como personas y como pareja. Ambos son libres de expresar lo que sienten, lo que piensan, lo que anhelan e incluso lo que les molesta del otro. Para saber distinguir si estás en una

Aprende a conquistarte

relación sana o no, es cuestión de revisar tu estado emocional en todo momento, es decir, considerar cuáles son los resultados que te provocan las acciones del otro, no desde la perspectiva de una víctima, ni tomando las cosas personales, sino siendo natural, analítica y reflexiva.

Sobre lo expresado, deseo compartir que conozco a un hombre que un día me dijo: «A la mujer no se le debe enseñar a manejar, porque si aprende ya no necesitaría del hombre». ¡Qué bárbaro! ¡Nunca pensé llegar a escuchar algo semejante! Entendí entonces que a la mujer la deben privar de ciertos conocimientos básicos para sujetarla a un hombre. No lo podía creer, pero analizando ciertas acciones y comentarios podemos detectar que el machismo habita en algunos tipos, quienes, al prohibir, limitar o reprimir, no dejan ser a las mujeres ocasionando la baja autoestima.

Me di cuenta del problema mencionado al observar el semblante de algunas mujeres, su forma de actuar y reaccionar en un debido momento, al notar que sus ideales y sus sueños eran pisoteados o simplemente ignorados la mayoría de las veces. En varias ocasiones lo que muchas de ellas desean no está a su alcance debido a la diversidad de barreras que hacen inalcanzables sus sueños, por ejemplo, la nula autoestima: no creen que puedan hacerlo. La falta de apoyo de la pareja, eso es machismo palpable; el conformismo y la falta de seguridad. Se debe decir que no necesariamente debe ser un sueño que requiera de mucho tiempo o dinero, para ser estropeado, ya que puede ser un simple cambio de imagen, una trasformación física, tener una idea de emprender un pequeño negocio, asistir a clases de algún deporte o manualidad... ¡en fin! Tantas cosas por hacer...

Elizabeth Bastida

Son casi incontables los casos de machismo que me ha tocado mirar. Recuerdo otro de una mujer casada y linda que es incapaz de mostrar alguna autoridad dentro de su hogar, pues es callada, solitaria, está deprimida y es muy pensativa, y su pareja tiene un carácter explosivo. Además, mencionaba que no sabe si ella es estable o está enojada; incluso se siente devaluada, incomprendida y lo peor es que no hace casi nada por ayudarse. A esa mujer, y a otras muchas, quiero motivarlas a aprender a ser ellas mismas, que la felicidad no proviene de otros, sino que sale de ellas mismas y que la experimenten en carne propia. En resumen, analizando todos los casos que conozco, incluyendo el mío y los que me han contado, es fácil detectar que existe un problema: el no poder ser una misma. Esto implica que se carece de la libertad de expresarse conforme a lo que se piensa y se siente obligada a complacer a otros para encajar en un grupo que se parece a una manada de borregos.

Asimismo, sé de mujeres jóvenes y solteras, con las que he convivido, que fingen ser felices, pero no lo son, como el caso de una chica bonita, con licenciatura terminada, y que se comporta de forma que no concuerda con su estilo (lo hace para encajar en una masa social), pues actúa y habla con inseguridad y fácilmente se intimida. Claramente, eso es un problema porque está ignorando su identidad y le da más peso al *qué dirán* que a su personalidad; esto acarrea más problemas.

Sobre el tema de la independencia, resulta de importancia decir que todas las mujeres deben aprender a serlo, no por miedo a quedarse solas, sino por saber valerse por sí mismas. Tiene su lado hermoso cuando tu pareja hace cosas por ti, ya sea manejar, cambiar un foco, poner gasolina al auto, armar un mueble... pero es mucho mejor y más placentero saber hacerlo. Aprender a

Aprende a conquistarte

hacer las cosas por nosotras mismas ya significa dar un paso adelante del miedo. Esto hace sentir a la mujer útil, segura, inteligente y plenamente viva.

Quiero aclarar que cuando se habla de parejas cada uno tiene su rol. No porque sepas hacer las actividades que al varón le corresponden, tú debes concretarlas, pues cada uno tiene sus obligaciones. Lo más importante es conocer tareas que constantemente se ejecutan en el día a día. De acuerdo con los temas que estoy tratando en este libro, la mujer que comienza a ser independiente es capaz de provocar miedos en el hombre, quizás hasta inseguridad, porque él, al poseer mentalidad machista, piensa que ella no lo abandonará; haga lo que le haga, creen eso al considerarla incapaz de actuar. Incluso él asume esto como un arma y que así la mujer no alce la voz al presentarse una situación donde el varón tiene la culpa. Y repito: una mujer, al mostrar independencia, ocasiona que el machista experimente inseguridad. Trata de ser independiente no para provocar inseguridad en él o darle en la torre, sino que sea para ti, por ti, porque la que goza de esa satisfacción eres tú, y eres tú quien se ayuda, quien se debe sentir completa. Demostrarle algo a los demás es algo que sobra.

Es importante que nosotras sepamos muy bien diferenciar entre lo que debe y no ser normal, pese a la gran influencia del machismo desde tiempos antiguos. La mujer no debe someterse a acciones, reacciones o situaciones de la vida que sean incómodas o que impliquen faltas de respeto, pero se doblega cuando piensa que «debe aguantarlo» por el simple hecho de ser mujer. Lo relevante es aprender a diferenciar, dentro de los roles de nuestra vida, lo normal de lo que no lo es. Puedo decir que no es normal ir diciendo «sí» a todo, cuando en el fondo no estás del todo de acuerdo. Saber decir «no» exhibe tu esencia, seguridad e independencia.

Si eres casada y tu pareja es siempre quien opina, elige por ti o decide sin por lo menos darte a conocer algo de los planes que tiene, déjame decirte que eso no es normal. Los miembros de una pareja están para complementarse, apoyarse y ayudarse. A muchas mujeres las han violentado en diversos aspectos, incluyendo el físico, y les provocan hasta la muerte. En algunas culturas, el fallecimiento de ellas se ha normalizado, pero en realidad se trata de un delito y la ley debe protegerlas. Tu misma intuición te dirá cuando algo sale de la normalidad y que el resultado negativo de cierta acción o reacción debe rechazarse porque no origina la satisfacción que causaría algo que ocurre de manera sana.

Resulta fundamental que las mujeres se motiven y sepan ayudarse a ellas mismas, incluyendo lo espiritual, aspecto muy esencial para abrir su mente y su corazón. Independientemente del género al que pertenezcas, si el área espiritual está conectada y empapada, con dificultad las circunstancias de la vida te arrastrarán por el suelo. Tengo la seguridad de que venimos de un ser supremo y que un espíritu fuerte nos ayuda a pensar con claridad, a meditar, a inhalar sabiduría y exhalar todo lo nocivo. La posibilidad de tener una vida más balanceada es otra forma de ayudarnos sin saturarnos. El vivir una vida más ligera y clara a mí me ayuda mucho, pues me desahoga el poseer una conexión con Dios, en quien creo. Me llegan ideas fabulosas y muy efectivas, una actitud más positiva, y alegría sin duda. También se me esclarece el pensamiento cuando en algún momento no sé qué hacer. Si estás aliada con lo espiritual, se abren muchas puertas en el trayecto de nuestro camino porque podemos tener esa empatía para con los demás; eres luz para otros, eres paz, motivación e inspiración, ya que vas de la mano con lo espiritual, haciéndote un ser más sensible, humano, empático, aspectos que al mundo actual le faltan, y lo digo porque en carne propia lo vivo.

Como madres, desde la niñez es primordial que les enseñemos a los niños lo fundamental de la autoestima y temas relacionados para evitar situaciones que no deberíamos pasar, que así puedan vivir una vida plena dentro de lo normal. Sin duda, la autoestima representa un aspecto poderoso que nos va definiendo como personas porque dependiendo de esta actuaremos, y las acciones y los comportamientos que van enlazadas con ella van definiendo parte de nosotros, por eso es de muchísima importancia instruir a nuestros hijos a amarse. Claro, para realizarlo es esencial amarte tú primero y que lo sepas transmitir.

En este libro, como he dicho, intento ayudar a una gran cantidad de mujeres, pero también a hombres. Ahora, la autoestima es un tema que suena mucho porque hay en el mundo mucha gente que no se valora, no se aprecia, no siente esa consideración por su propia persona. Lo anterior es un tema que, si nosotras no arreglamos y existe una autoestima baja, la mayoría de lo que emprendamos difícilmente saldrá bien, pues nuestra personalidad está oculta. Esto va provocando consecuencias desagradables que pueden empeorar nuestra percepción de nosotros mismos. Es muy triste y peligroso si no tratamos la baja autoestima, ya que el omitirlo afectará diversas áreas de nuestra vida: lo laboral, lo sentimental, lo intelectual… ¡en fin! En consecuencia, la mayoría de las mujeres sufren maltrato físico y emocional. Por sí mismas llegan a creer que eso lo merecen, que era su destino. Solamente una baja autoestima facilita que se rebajen o acepten un daño.

Tantas veces se le da un peso importante al *qué dirán* que dejas de ser tú, pues no te permites actuar de forma natural y dejas a un lado tus ideales y tu esencia por temor, por llegar a pensar que tu punto de vista no será acertado, o por el simple hecho de encajar en cierto círculo social o familiar. Este aspecto es muy común: la relevancia que se otorga a la opinión ajena por sobre lo que tú desees es un foquito de alerta, pues alguien que no está confiando en su persona va dejando de ser él mismo; no se pone una raya para marcar el «tú eres tú» y «yo soy yo»: cada ser humano tiene su propia forma de pensar y actuar. Las decisiones que se toman sobre lo que dirá otro son inciertas, incorrectas, provocan vacío y falta de claridad en nuestras ideas. Cedes tu poder de decidir por ti a alguien más y prácticamente estás renunciando a tu criterio.

Para mí es importante señalar que cuando la gente nota en ti que siempre esperas la opinión ajena, llega el momento donde ya no tendrás oportunidad de opinar, es decir, ya no será indispensable tu valoración, porque al final de cuentas no hablarás por ti, y tendrás que consultar a otro para solucionar un problema o contestar algo que se debata. O peor aún, tomarán la palabra que te corresponde sin preguntarte. Creo que, al llegar ese turno de opinar, de que escuchen lo que piensas, debes hacerlo considerando el momento que creas más acertado, adueñarte de tus palabras. Al hacerlo sentirás que verdaderamente has aportado algo. En consecuencia, los demás te toman en cuenta y te respetan porque comienzas a ser tú misma y demuestras que posees tu propio criterio, tu propio albedrío.

Aprende a conquistarte

Cuando se dice lo que en verdad se siente y piensa de cualquier tema, siempre habrá gente que te juzgará o mostrará disgusto con lo que expresas, porque en esta sociedad estamos acostumbrados a que si alguien decide algo la mayoría lo acata, pese al desacuerdo, con el fin de quedar bien o no sentirse señalado. No obstante, resulta mejor decir lo que crees y lo que piensas. Claro que se corre el riesgo de que a alguien no le caerás bien por ello, aunque vale la pena rescatar la esencia, acción que debe ser oportuna y no ser ofensiva o contradictoria. No se trata de llevar la contraria, sino de que no te sientas forzada a decir o hacer algo que no te haga experimentar bienestar.

Reitero: por una baja estima hacia nuestra persona, cometemos errores tales como decir cosas que no queremos expresar, que no nos nacen, nos mantenemos a la expectativa de los demás impidiendo disfrutar la vida al 100 %. Al caer en esta situación que te lleva a otra y a otra, te vuelves torpe, pierdes la consciencia de lo que es recomendable o no. Por falta de estima, tomamos decisiones inconvenientes. Por ejemplo, si estamos en un grupo de personas donde se nos pide alguna opinión, y si la mayoría vota por algo en específico y no estás de acuerdo con lo elegido, pero aun así votas por lo que los demás eligieron por miedo a ser juzgado, a ser señalado, ahí se da una oportunidad para establecer tu propio criterio, pero se prefiere «seguir la corriente» de la mayoría con el fin de evitar críticas.

No lo hagas. Te sentirás satisfecha contigo misma al expresar lo que verdaderamente crees y sientes.

El miedo

El miedo tiene un dominio inmenso en las personas porque le dan todo el poder. Este paraliza y provoca gran preocupación, pues piensan que puede acontecer algo desagradable o negativo. La mayoría de las veces, ese sentimiento nos hace crearnos historias en nuestra cabeza incrementándolo, aunque muchas veces estas ni siquiera llegan a ocurrir, por ello no nos libramos de la angustia. Y hay una serie de situaciones que padecen las mujeres que no han logrado establecer una ruta definida para sentirse más seguras y libres causado por los siguientes miedos:

- **Quedarse solas por dependencia.** Desafortunadamente, cuando hay una dependencia en la pareja, eres una mujer (u hombre) que piensa que no es capaz de valerse por sí misma, se comete un error que puede costar tu tranquilidad y tu libertad al victimizarte o al fomentar el sometimiento a alguien más. Ese temor de quedarse sola o que llegue a faltar, en un determinado momento, la otra persona, le cierra su mundo, ya que es incapaz de salir adelante por su propio esfuerzo; ni siquiera sabe cómo hacerlo. Y me parece tan importante que una mujer esté dispuesta a aprender. Pese a tener quien haga algunas cosas por ella, nunca está de más. Nadie, ningún ser humano tenemos un contrato de vida sin vencimiento, por eso el aprendizaje de ciertas cosas que la pareja o un familiar hacen es esencial y saludable. ¿Qué harás cuando por alguna razón falte esa mano derecha que te ayuda en aquello que jamás has realizado o no es parte de tu rutina? No estoy hablando de que seas una persona orgullosa, una que vaya por el mundo demostrando que no necesita la ayuda de nadie, porque todos necesitamos de los demás, la clave es que simplemente aprendamos a ser autosuficientes y a salir adelante con o sin ayuda de otro. Sí, hay actos muy básicos que consideramos innecesarios de aprender a realizar porque alguien más

Aprende a conquistarte

lo hace por nosotras. Los ejemplos sobran: cambiar un foco fundido, atornillar un mueble, conducir un carro, hacer un pago en línea... Quiero decirte que siempre pregunto todo lo referente con lo que deseo aprender. Así fue mi aprendizaje para conducir un carro estándar, pues externaba cuestiones como «¿En qué momento debo cambiar las velocidades?», «¿cuál es el cambio que corresponde para bajar la velocidad», «¿qué pasa si no meto la velocidad correcta?». Preguntaba mucho y todas las veces necesarias con el fin de tenerlo claro y mejorar mi práctica. Incluso me llenaba de impotencia el aguardar a que mi esposo llegara del trabajo y así me llevara a la tienda a comprar cosas que necesitaba. Y él no siempre quería ir porque llegaba muy cansado o muy tarde. Era difícil decirle, pues lo veía muy agotado. Por ello, tomé el riesgo de aprender y dejar atrás esa ineptitud. Alguna vez escuché una frase y me la apropié: «A LO UNICO QUE HAY QUE TENERLE MIEDO ES AL MIEDO EN SÍ». Ahora puedo ir y comprar lo que necesito y me siento una persona autosuficiente, capaz e independiente. Cuando salimos juntos en familia, mi esposo conduce, pero cuando no está en casa y debo llevar los niños a una cita médica o al dentista ya puedo hacerlo sola. A esto me refiero, mujeres: pregunten, investiguen, observen, descubran su verdadera capacidad, la cual no ayudamos a desarrollar por el miedo.

- **Pensar si podrían salir adelante por ellas mismas.** Este punto es algo común que pasa por la cabeza de las personas que dependen de la pareja casi para todo: el hecho de cuestionarse y dudar de ellos mismos para lograr algo o llegar a cumplir una meta u objetivo.

- **El miedo de no ser una persona competente en la sociedad.** El ser una persona dependiente y con baja autoestima implica dar tu libertad y delegar las decisiones que te corresponden a los demás, así que un aspecto que no puede evitar esta gente consiste en no sentirse apto para desarrollar casi nada en el ámbito social, sea un empleo, sobrellevar adelante la administración de su propio hogar o proponer, sugerir o desarrollar algún proyecto. Basta con que se tome el riesgo y se sienta la adrenalina de que se puede lograr siendo una misma y haciendo aquellas cosas que quizá no has realizado. Cuando lo intentes, sabrás de lo que eres capaz y hasta donde podrías llegar si lo intentas una y otra vez.

Motivadores

Los motivadores que considero que más se relacionan con cualquier persona, con dependencia, baja autoestima, miedo, para que esté más o menos de pie, son:

LA FAMILIA, PERO EN ESPECIAL LA PAREJA, Y CLARO, EL COMPLACER A LOS DEMÁS PARA SER ACEPTADAS.

Sé que puedo ayudar a mi lector a salir adelante, a impulsarlo y motivarlo con el fin de que no se quede estancado. Y debe arriesgarse a dar pasos por sí mimo, sin esperar que alguien tome la iniciativa para sacarlo de un mal momento o de una necesidad. Por ejemplo, si deseas aprender a manejar, observa al chofer, pregunta tus dudas, súbete al carro, préndelo y ve conociendo sus movimientos, ve recorriendo una cuadra, luego dos, obtén confianza y recorre toda una manzana. Lo importante consiste en que tú misma pongas manos a la obra y que no esperes que los demás siempre solucionen tus problemas y necesidades. El interesado en aprender es quien más dedicación debe poner, el dar ciertos pasos por uno mismo representa, de cierta manera, las ganas de salir adelante en el objetivo que te propongas.

Lo esencial es empezar a tomar decisiones, aunque exista la posibilidad de equivocarse. En el intento de hacer algo nuevo, no faltan los riesgos. Y lo importante es notar poco a poco que lo que se tiene en mente, así sea la imagen de un sueño, se puede lograr al confiar en uno mismo, se le da credibilidad al propio yo y se revela un aspecto relevante: como te ven, desafortunadamente, te tratan. Si tú no te das valor como ser humano, nadie te lo dará ni lo respetará. Primeramente, nosotros debemos establecer la forma cómo nos gustaría ser tratados, y para que nos traten de la manera deseada hay que empezar por uno mismo. Si quieres ser valorado, amado, respetado... todo eso debes sentir por ti. Y créeme, por ende, los demás lo harán contigo.

En lo personal, antes era una mujer que me preocupaba demasiado del que dirán e ignoraba mi propio criterio. Cuando empecé a tomar decisiones por mí, a opinar lo que pensaba me pude sentir libre; experimenté que la voz y el voto establecen límites. Quien te rodea para manipularte se enfurecerá al ver que hablas por ti, pero aquel que verdaderamente te aprecia respetará tus decisiones y tu modo de pensar. Lo importante es que tus ideales, tu ideología y tu esencia no sean manipuladas por otro. Debo confesarte que al empezar a hacer esto, el pensar en llevarlo a cabo, causa cierto miedo, porque no sabrás cuál será el resultado, ni a quien le disgustará, y que quizá pueda molestarse. Sin embargo, en el trascurso del camino eso no importa, ya que debes recordar que ahora estás ocupándote de ti, abogando verdaderamente por ti.

La educación de los hijos (si es que tienes) es fundamental desde edad temprana para que crezcan con una misión clara en la vida, que aprendan a decir «NO», que su autoestima y su seguridad son muy importantes. Yo, que soy madre de tres hijos, dos niñas y un niño, los educo en estos temas, pues es muy importante que tengan claridad en sus ideas y aprendan que su voz, su opinión tienen un gran valor, que nadie puede decidir por ellos porque se los estarían «llevando entre las patas» y estarían avanzando a contracorriente en la vida.

Desde pequeños es primordial incitarlos a tomar decisiones sencillas y así crearles ese hábito. Claro, sin ir al extremo de que hagan lo que quieran en todo, ya que recordemos que son niños y no saben bien lo que les conviene, factor útil para prevenir una situación negativa. En el área de la espiritualidad considero que es de gran valor saber que existe un Dios, el cual te apoya si decides buscarlo y conocerlo. Tener hijos es una responsabilidad enorme donde debes ocuparte, más que preocuparte, en inculcarles y mostrarles varios aspectos de la vida que son elementales para que puedan gozar de un equilibrio. Los padres que nos proponemos enseñarles estos temas, prevenimos futuros adultos inseguros, con baja autoestima, incapaces de superarse, desgraciados... Un niño que se vincula con el área espiritual será un adulto reflexivo, pensante, tranquilo para actuar y tomar decisiones. Dicha área la considero primordial en el ser humano porque todos somos creación de un Ser Supremo.

Aprende a conquistarte

Además, quiero confesar que hace pocos años tenía un desequilibrio intenso en dicha área. Francamente no le daba la importancia y mi vida lo reflejaba, e incluso mis actos lo revelaban. Antes, para mí ese aspecto no la consideraba, ni siquiera existía, hasta que no pude más con ciertas situaciones personales y utilicé ese último recurso, que fue el mejor para intentar mejorar y añadir algo que le faltaba a mi existencia. Nadie puede afirmar que la falta de conexión con lo espiritual, con Dios, no es importante. Algunos se atreven a decirlo porque lo desconocen. Es curioso, pero a mucha gente le avergüenza hablar de Él, le apena hablar de una vida espiritual. Y ahora estando de este lado puedo decir que somos imperfectos, pero todos fuimos creados con un propósito en la vida, con una misión.

Mi vida cambió desde que hice esa conexión con Dios. Y estoy agradecida con todas las personas que me acercaron a él. Todo es verdaderamente inmenso y en realidad nunca terminaríamos de conocer las maravillas que hay, pero cuando tienes un encuentro verdadero contigo mismo y desnudas el corazón a ese Ser Supremo y decides vincularte, tu existencia da un giro impresionante. Ahora ya comprendo que tanto odio en las personas, tanta inhumanidad, tantas situaciones que reflejan maldad se originan porque están vacías, carentes de amor. Quizá tengan el cariño de su pareja, hijos o amigos, pero padecen desamor al no haber hecho ese encuentro espiritual.

Infinidad de personas descuidamos la parte espiritual. ¿Por qué no instruirnos es ese aspecto? Nos preocupamos por comer lo que nos gusta, por vestir bien, buscamos que nuestra ropa combine, por oler rico usando fragancias agradables y por lucir un bonito peinado. Prácticamente, somos como una caja de regalo envuelta en papel precioso y con un moño lindo que fácilmente atrae a la vista de cualquier persona. Pero ¿te has preguntado que contiene en su interior? Quizá sea solo un objeto vacío. Sin duda, vivimos engañados por dejarnos guiar por la apariencia externa.

Muchas veces somos la envoltura del regalo. No es bueno ignorar la parte espiritual. Es necesario busca la forma de acercarse al verdadero Dios, el responsable de todo lo que eres y posees. Al estar vacíos y por la falta de ese algo que nadie puede llenar más que Él, nos enfocamos en lo malo que nos pasa. Creo realmente que somos una obra perfecta por Sus manos y lo menos que deberíamos hacer para nuestro propio bien es tener esa relación con Él.

Rememoro que cuando estaba en blanco respecto del tema espiritual, jamás le di importancia porque en verdad no sentía que tuviera tanto peso en la vida de un ser humano; como bien dicen «no puedes hablar sobre lo que no conoces». Para mí, la lectura de La biblia era prácticamente inútil, pues no entendía mucho de los contenidos, no comprendía el mensaje. Y no tenía interés alguno en aprender.

Cuando era pequeña iba a misa los domingos. Lo recuerdo bien porque mi madre me lo inculcó. Mis hermanos y yo rezábamos el rosario… ¡en fin! Todo lo que se hace en una iglesia católica, pero nunca llegué a sentir que eso me daba paz o me instruía de alguna forma como ser humano, aunque tampoco me incomodaba. Además, todo lo que se repite con frecuencia se vuelve una costumbre que se ejecuta de manera mecánica; bueno, eso lo hacía porque así me lo enseñaron.

Aprende a conquistarte

Sin embargo, llegó un momento donde tuve que enfrentarme a la vida y a lecciones que nunca se me habían presentado y que ni el humano, ni la medicina, ni mi pareja, ni mis hijos, mucho menos yo misma, podía resolver; solamente con la gracia de Dios las podía superar. Hace como cuatro o cinco años atrás estaba viviendo situaciones que me hacían pensar en las peores opciones disponibles. Ciertos conocidos lo notaron y me presentaron una persona conocedora de la palabra sagrada, la cual me aconsejó, me instruyó y me empezó a educar en ese aspecto.

De ahí en adelante, supe lo importante que es tener esa relación con Dios. Mi vida cambió porque entendí que muchas veces nosotros mismos queremos resolver las cosas a nuestro modo y creemos saber cómo hacerlo. Cuando de verdad te instruyes en fortalecer tu espíritu, tienes más panoramas disponibles para resolver tus asuntos personales de una manera más sabia y acertada. El resultado de todo este proceso que viví, tras un gran cambio, ha sido la construcción de una mujer nueva. Si pudiera hacer un comparativo de la poca paz que antes sentía a la que disfruto en este momento, creo que se convencerían más fácil de lo que con gusto estoy compartiendo aquí y así se beneficien de lo que es un verdadero regalo.

Lo esencial no consiste en que estés de rodillas todo el día rezando repetidamente las mismas oraciones, sino que tu corazón sea sincero y quiera verdaderamente tener un vínculo con Dios. Hablarle como si fuera tu mejor amiga, contarle tus sueños, necesidades, proyectos… Y aprender consejos sabios, útiles, prudentes y aplicables en tu vida.

¡Que ironía! Pero recuerdo que cuando me dijeron que hiciera esto, me sentía muy extraña, como si estuviera loca por estar «hablando sola». No sabía orar, estaba acostumbrada a solo rezar, repetir lo memorizado. Honestamente, carecía de un vínculo con la divinidad. Es más, me avergonzaba la posibilidad de experimentar algo que después sería benéfico.

Así como recibí la invitación para conocer esa parte espiritual que me correspondía (a todos nos concierne porque somos creación del mismo Dios) y necesitaba sin yo saber bien de esa carencia en mi vida, te invito a que la busques sin dudarlo. Quizás al principio pienses lo que yo, es decir, que no es algo necesario. No obstante, estimado lector o amiga, date ese regalo y al conseguirlo aliméntalo todos los días. Seguro me recordarás con gratitud, aunque no me conozcas en persona. ¿Y sabes qué? No falla.

Desde que tengo uso de razón, mi sueño era escribir un libro. No sabía en concreto el tema, pero al pasar el tiempo las diferentes vivencias me dieron lecciones que ameritaban compartirse. Dentro de ello está la parte espiritual, un tema que NUNCA pensé incluir en esta obra anhelada. Aprendí a reconocer que esa área es más que importante para complemento de todo ser humano.

4. La infidelidad

Aquellas mujeres que están pasando por esta situación, o lo han vivido, no deben sumergirse en la depresión, ni llegar al punto erróneo de compararse con otra persona, ni mucho menos pelear por un hombre, pues esto es parte de la dignidad y del valor propio inherente a cada ser humano.

Me fascina hablar de esto porque tengo fuentes que me compartieron consejos útiles y muy saludables para tu persona. Son mujeres que conozco, con las que he convivido, otras que aprecio mucho y algunas pertenecen a mi propia familia. Si eres víctima de la infidelidad se desencadenan muchos sentimientos y emociones que pueden impulsarte a culminar acciones que no pensaste de forma consciente ni te tomaste el tiempo para reflexionar sobre las consecuencias que acarrearían. Obrar de acuerdo con lo emocional en el momento donde te das cuenta de que te traicionaron no es adecuado.

Toda esa rabia, impotencia, confusión y tristeza son algunos de los sentimientos que sufre la persona ofendida. Quien no te fue fiel, independientemente de las razones, no merece ser codiciado ni peleado, es decir, jamás se debe cometer el error de reclamarle a aquella con la que se enredó, pues desde el principio es necesario tener muy claro que tu pareja tomó una decisión; es él quien da la pauta de decir «sí» o «no». Cuando alguien te es infiel puedes hacerte estas preguntas: «¿En qué fallé?», «¿por qué a mí?», «¿acaso lo merezco?». Incluso hay mujeres que al dejarse llevar por sus impulsos discuten con la otra. Desde mi punto de vista eso un gran error, pues la culpa y la responsabilidad no solamente es de ella, quien solo fue una opción elegida por el hombre.

Al discutir con ella, te rebajas a su nivel, ya que se prestó a estar junto a un hombre comprometido. Para mí, una mujer así no posee valores éticos y morales, por ello tú como persona debes establecer límites, dejar en claro de lo que te crees merecedora. Si piensas que mereces un hombre desleal, pelearás por él. En cambio, si consideras que tienes un gran valor como ser humano, actuarás para evitar hundirte en la depresión, o compararte, o desear parecerte a la otra y así gustarle a tu pareja. Tú, con tus cualidades y defectos, conformas un mundo estructurado de tu propia persona que te hace ser única. Y es difícil entender a esas mujeres que intervienen en relaciones de parejas formales, tales como matrimonios. Lo que puedo asumir es que carecen de amor propio por el hecho de conformarse con alguien que ya tiene un compromiso establecido.

5. Otros problemas emocionales: frustración, ansiedad, depresión, decepción

Los problemas a nivel emocional ocasionan una reacción de descontrol total en tu forma de ser, de actuar. La intensidad del problema que se está viviendo depende de cada una de estas mujeres. Los trastornos emocionales más comunes son:

Frustración. Imposibilidad de realizar o satisfacer una necesidad o un deseo. Es algo que provoca sentirte inútil para resolver un problema específico. Este concepto implica siempre un malestar que sufren las personas quienes se declaran incapaces de hacer algo que les permita mejorar. Tratan mentalmente de encontrar una solución a la problemática existente, pero si no buscan ayuda de alguien experto será muy difícil que por su propia cuenta lo logren. El estar frustrado conlleva sentirse desesperado, ansioso y hasta decepcionado de uno mismo.

Para combatirla se requiere atacar los sentimientos señalados, de esta manera será un proceso efectivo en la persona que vive tal momento.

Ansiedad. Representa uno de los síntomas originados por una situación estresante que puede presentarse en un momento reciente o de tiempo atrás. Esto es complicado porque el trastorno dificulta llevar una vida normal y tranquila. Y es común que alguien, al presentar signos de ansiedad, sufre desgaste, pues no comprende con claridad lo que ocurre.

Muchas veces ni siquiera sabes que tienes ansiedad, solo sientes un ligero malestar o que algo no es normal en ti; incluso te confías y crees estar presionado. Sin embargo, el sentimiento te hace actuar de forma no acostumbrada y empiezas a sufrir de insomnio, pesadumbre, intranquilidad… Entonces debes buscar ayuda de un médico para que te trate y te recete un medicamento efectivo para esto. Para mí, el ejercicio físico es el remedio de casi todo malestar.

En muchas ocasiones no sabemos cómo manejar nuestras emociones, no sabemos controlarlas, y simplemente dejamos que afecten nuestro cuerpo, por ello es necesario tomar en cuenta que debemos darle seriedad y seguimiento a algo de este tipo.

Depresión. Llega a ser un trastorno bipolar, ya que está asociada con los cambios de humor en una persona. Ese estado es un aliado para estancarse y no querer seguir más. Yo puedo recomendarte que, para combatirla, empieces a realizar actividades que impidan que tu mente albergue pensamientos nocivos, que te hagan sentir por los suelos. Es recomendable cuidar tu apariencia física, tratando de que tu imagen frente al espejo sea de tu agrado. Si hay algo de ti que no te gusta, ¡cámbialo! Por ejemplo, si deseas bajar de peso, sal a correr y come más saludable, porque lo que ingieres interfiere en tu estado de ánimo.

Todo lo que te propongas en esta vida es posible. La única cosa que no podemos cambiar o evitar es la muerte; todo lo demás es manipulable, modificable, lo podemos poner a nuestro favor y generar una transformación.

Aprende a conquistarte

Es importante mencionar que al padecer alguno de los sentimientos se ocasiona **la ira**. De hecho, al no entender o no saber resolver ciertas situaciones, se presenta un gran enojo que es como un obstáculo más. El llegar a sentir tantas emociones negativas a la vez causan enojo al ser incapaces de desecharlas de la vida misma. Al no tener cuidado y no reflexionar sobre lo que nos está pasando, omitimos el intento de analizar aquello que nos ocurre. Y podríamos empezar poco a poco, avanzar lento, de manera gradual, pero segura en la lucha contra aquello que nos tiene así.

No obstante, como ya dije, el conjunto de tantas emociones nos puede causar ira, por ello debemos preocuparnos más por nosotras mismas. El pensar en los otros provoca olvido de la propia persona y se cargan emociones que ni siquiera corresponden o que no deberían habitar en nuestro cuerpo y mente. Te recuerdo que complacer a otros nunca se podrá lograr por completo, pues si en cierto tiempo llevaste a cabo acciones en las que los demás se beneficiaron o quedaron satisfechos, pero en otro momento hiciste algo que no les gustó, seguro te recordarán más por lo que no fue «provechoso» para la sociedad. Y será más fácil y probable que te clasifiquen y recuerden por lo malo para ellos y quedarán en el olvido los incontables días donde hiciste las cosas pensando en los demás antes que en ti misma.

Decepción. Pesar provocado por un desengaño. Te enteras de algún suceso que te dolerá mucho o que te ocultaron y es ahí donde surge dicho sentimiento.

Elizabeth Bastida

6. Consejos para alcanzar la autoestima, el bienestar y la felicidad

Me conecto con ciertas mujeres al conocer su situación, pues lo que padecen despierta mi empatía. Claro está que unas viven determinados eventos de una manera más fuerte. Eso no deja de representar un aprendizaje para mí, ya que, al escuchar y analizar sus problemas, tales como la baja autoestima, la infidelidad, el padecer por actitudes machistas, la depresión, etcétera, puedo pensar en soluciones útiles.

Incluso conozco anécdotas que me han compartido otras mujeres. Me han confiado que al descubrir que sus parejas son infieles y tener pruebas en la mano que lo confirman, el hombre tiene el descaro de negarlo, y si lo admite se justifica diciendo que es por culpa de ella y que se relaciona con otras porque su desconfianza provocó esa situación. Esa excusa es totalmente injustificada porque ellos deben tener el valor de admitir su responsabilidad, pero hay algunos que francamente no tienen ni una poca de vergüenza, aunque les señales cada una de sus traiciones. Creo que la mejor forma de entender a una persona consiste en visualizar lo que ha vivido. El platicar de su situación contribuye a experimentar lo que siente y se logra la misma sensibilidad.

A propósito, algunos consejos para superar problemas son los siguientes:

1. **Hay que reconocer que estás viviendo un problema para poder actuar**, porque a veces caemos en la negación para no sentirnos vulnerables. Pero el admitir que necesitas ayuda es un paso importantísimo con el fin de comenzar un cambio en tu vida, pues estás preparándote para recibir la ayuda pertinente y mejorar en todos aquellos aspectos en los que te haga falta. Advertir que tienes baja autoestima, inseguridad o dependencia es la clave fundamental que te auxilia a no quedarte en el estado donde te ubicas para modificar lo que se ha convertido, hasta cierto punto, en un gran obstáculo para vivir una vida más libre y feliz.

2. **Reflexionar sobre cómo han sido tus padres contigo, la crianza, el entorno en donde te has desarrollado, analizar el tipo de personas con las que convives, lo cultural, es decir tratar de encontrar la raíz de ese problema.** Es muy recomendable que te sientes a solas y trates de dirigir tu mente hacia los recuerdos, que pienses cuándo empezaste a sentirte mal, cuándo detectaste que te alejaste de como tú realmente eras. Y si puedes descubrir qué fue lo que cambió tu vida, así será más fácil empezar buscar ideas para ayudarte a ti misma, a atacar todos los miedos y las barreras que prácticamente no permiten que existas. A esto me refiero con encontrar dicha raíz. Al fomentar el hábito de reflexionar, tienes más posibilidades de que las decisiones que tomas sean más certeras y convenientes, porque previamente has asimilado todo ya en tu cabeza y has mirado todos los ángulos de una cierta situación. Se corre menos riesgo de juzgar en vano, pues uno es más coherente con sus palabras y acciones. Por ello, el

Aprende a conquistarte

culparte de la falta de ciertas habilidades o de la baja tu autoestima debes borrarlo de tu mente, ya que esto no sucede de la noche a la mañana. No obstante, a todo lo que nos ocurre en la vida puede sacársele un provecho. Meditar sobre la vida que ahora estás viviendo es útil para inculcar a los niños a que aprendan a ser ellos mismos desde temprana edad.

3. **Cuestionar si eso que estás viviendo te causa daño o si lo deseas vivir toda tu vida, si estuvieses dispuesta a poner de tu parte para cambiar la forma que vives** y si la respuesta es positiva, entonces el poner de tu parte significa salir de tu zona de confort y con ello esforzarte para obtener mejores resultados en tu vida. Asimismo, poder tener fuerza de voluntad e ignorar todo lo negativo que pienses de ti y actúes. Esto implica dejar de juzgarte, menospreciarte o decirte que no eres capaz de tal o cual cosa. Como siempre lo he dicho, el primer paso siempre es el más difícil de dar en cualquier trasformación que se desee, pero estar dispuesta es lo principal porque habrá cambios que generarán un caos temporal, pero que después disfrutarás del resultado de tu gran esfuerzo.

4. **Buscar ayuda psicológica e información que sea útil para tu autoestima**. Esto último implica hacer por tu cuenta diversas lecturas de libros. Indaga sobre herramientas acordes con lo que estás tratando de mejorar. Empápate de información relevante y trata de entender por qué eso tiene mucha influencia en el comportamiento del ser humano. Si acudes a un psicólogo estoy segura de que te ayudará, porque te iluminan, te dan ideas que quizá nunca se te habían

ocurrido, te enterarás de dinámicas que podrán ayudarte a conocerte mejor, lo cual es importante para encontrar el principio de cualquier problema que exista dentro de ti. Y hay herramientas tan diversas que te ayuden a cambiar y a sentirte mejor, como las lecturas de autosuperación que son inspiradoras, los cursos en línea vinculados a temas de crecimiento personal, seminarios de liderazgo y motivación. Todo eso es un impulso para abandonar la zona de confort donde estás y pasar a otro estado emocional. Lo ideal es familiarizarte con aquello que pueda ser de ayuda en tu persona. Claro, es importante discernir lo que sí te auxilia de lo que no, toma ese aspecto en cuenta. Por ejemplo, tal vez escuchar audiolibros para ti es una buena opción para impulsar un cambio y tener otra perspectiva más positiva de tu persona, y que será preferible en lugar de asistir a terapias presenciales que no te funcionen. Poco a poco descubrirás las herramientas que se apegan más a lo que buscas para ayudarte a ti misma.

5. **Cambiar hábitos y estilos de vida. Detectar cuál es tu pasatiempo y ponerlo en práctica** para que tu mente empiece a trabajar en algo diferente. Modificar costumbres es alterar la forma en la que vives; eso te llevará a sentirte diferente, en esencia lo que se busca. Si a ti te encanta el deporte, practícalo; si te gusta la cocina, crea, inventa o investiga sobre diferentes recetas y prepáralas; si te gusta la lectura, detecta qué tipo de texto te apasiona más e indaga sobre esos temas, así aprendes, creces personalmente y, de paso, tu mente se relaja y le das una calidad de vida diferente a tu persona. El encontrarse en un estado de ánimo negativo hacer creer

a las personas que no tienen ninguna afición, pero te aconsejo que empieces a practicar algún pasatiempo. Desempolva los talentos que tienes y que no habías notado.

6. **Buscar a Dios.** Cuando tengas ese encuentro íntimo con él podrás notar una diferencia inmensa en tu persona. **Experimentarás paz interior y un desahogo profundo, pero para esto es necesario abrir el corazón y hablarle con franqueza.** Por experiencia propia, soy capaz de aconsejarte que quien lo busca, lo encuentra. Y te preguntarás: «¿Cómo busco a Dios?». Simple. Cuando te detienes a ver a tu alrededor con calma y miras la naturaleza con sus atardeceres, escuchas el canto de los pájaros, sientes los rayos del sol o a tu familia, ahí está manifestándose, porque él te ha creado a ti, al otro, a todo lo que tus ojos puedan apreciar. Al reconocer que existe, él se hace presente en tu vida. No podrás ver a una persona físicamente que se pare frente a ti y te diga: «Hola, ¡soy Dios!». Si lo quieres encontrar empieza a leer La biblia, asiste a la iglesia y escucha la predicación con atención. También habla con él como si fuera un amigo: háblale de tus deseos, tus miedos, tus alegrías… y platícale de lo que te enoja… ¡cuéntaselo todo! Sé que, si esto no lo haces o no tienes esa costumbre, te sentirás rara o incómoda, pero es normal porque nunca lo habías llevado a cabo. Paulatinamente te darás cuenta de que muchas veces tenemos vacíos difíciles de llenar. Al tener una conexión con Dios, él se vuelve tu aliado y te sentirás más segura para actuar y tomar las mejores decisiones. Créeme, si quieres buscarlo y encontrarlo, empieza a leer los textos

sagrados y pregunta a tu pastor sobre las dudas que vayan surgiendo. Sin duda, aprenderás cosas muy interesantes de las escrituras sagradas.

7. **Empezar a asistir a ayudas grupales donde se tratan esos problemas.** Y si no es posible, tratar de relacionarte con gente que te aporte conocimientos y que esté dispuesta a apoyarte.

8. **Cambiar de amistades y hacer los ajustes necesarios.** Detecta qué amistades te convienen y determina a las que es necesario desechar de manera gradual, porque hay gente que, en vez de ayudarte, te hunde más. Hay personas que dicen ser amigas tuyas, pero debemos ser cautelosos con eso porque si le confiesas un problema a alguien que consideras confiable y se lo cuenta a alguien más o te juzga, contribuye a empeorar el problema, dándote por tu lado. Usualmente, tenemos amistades que solo nos buscan por conveniencia y casi siempre sabemos que por eso están con nosotros. No obstante, por evitar la soledad, las aceptas, las retienes como compañía y aceptas que te digan lo que quieres escuchar o saber, o que te den siempre la razón, aunque estés equivocada. Ese tipo de amistades no son recomendables porque no te ayudan a darte cuenta de tus errores, a ser diferente ni a asumir tus responsabilidades. Si quieres tener una verdadera amistad en tu vida, toma en cuenta que una persona estará contigo para ayudarte a tomar las decisiones más acertadas, pese a que sean dolorosas, y estará ahí para revelarte una realidad que no es fácil de aceptar, pero siempre pensando en un futuro más conveniente para ti. Una amistad permanece cerca

porque en verdad te aprecia. Esa es precisamente la gente con la que te conviene relacionarte. Desecha a los que dicen ser tus amigos, pero que con sus acciones no contribuyen a tu progreso.

9. **Hacer ejercicios constantes frente al espejo** y aceptarte tal como eres. Pensar que hay personas en una situación peor que la tuya y que tienen una actitud más positiva. Existen infinidad de ejercicios que pueden ayudarte a amarte más. Uno que conozco consiste en mirarte en el espejo y decirte que eres hermosa o hermoso, que vales mucho, que conozcas esos lunares diminutos que ni siquiera sabías que tenías. Enfréntate con tu propia persona para decirte que eres alguien increíble. Incluso puedes hacer una lista que incluya las cualidades que tengas y también todos los talentos que posees, todo lo que te gusta de ti físicamente; no importa que solo sea una sola cosa. Eso es un ejercicio que te ayudará a notar que no todo lo que ves en ti es negativo, pues posees cualidades maravillosas.

10. **Modificar algo de tu cuerpo para sentirte mejor.** Para esto debes hacerte el firme propósito de trabajar diferentes áreas, por ejemplo, con zumba, yoga o cualquier actividad que haga que tu mente se ocupe.

11. **Buscar a alguien que admires y seguir algunos ejemplos**. Es necesario empezar por los más sencillos para llevarlos a cabo.

12. **Ser agradecido con Dios**. Es estar consciente al manifestar gratitud porque tenemos familia, estudios, vida, salud, porque dentro de todo lo malo que podamos

experimentar, existen cosas buenas de la cuales a veces nos olvidamos agradecerle por estar inmersos en el día a día.

13. **Evitar caer en la rutina una vez que hayas intentado cambiar.** El tener un estilo de vida y luego modificarlo cuesta, más aún si el hábito que tenemos es malo. Está claro que debemos esforzarnos para trasformar esa forma de vida en algo positivo, benéfico que a corto o largo plazo nos dará tranquilidad. Y al estar ya en el proceso de adquirir un hábito nuevo existe el riesgo de que aparezca el cansancio o el desánimo, o pensar que quizá no valga la pena. Esto es normal porque al estar habituada a lo mismo te engaña la idea de que el confort es más placentero, pero los cambios que sí hagas de verdad en tu vida te traerán una recompensa. Lee, aprende alguna manualidad, baila, sonríe… Cuando logras cambiar obtienes un beneficio más: automáticamente atraes gente por esa nueva actitud que irradias, gente de la que conviene rodearse. Recuerda que toda acción provoca una reacción.

14. **Empezar a actuar sin pensar en que a los demás les agrade lo que haces.** Esto es parte del hábito que deseas integrar a tu vida. Piensa en ti de ahora en adelante. Por ejemplo, si deseas escribir una novela, asegúrate de que te vayas enamorando tú del proyecto y no reparar en que guste a otros, porque de nada sirve estar siempre al pendiente de los gustos ajenos. Déjame decirte que es imposible complacer a todos, pues lo que a unos les parece interesante, delicioso, o increíble, a otros les resulta aburrido, insípido u ordinario.

Aprende a conquistarte

15. **Leer La biblia.** Es el libro más hermoso de la existencia y te dará sabiduría. Si esto se practica diariamente **se convertirá en un hábito que provoca una mejoría indudable; algo que te garantizo**.

Elizabeth Bastida

7. Conclusión

Quiero reforzar toda esta información enfatizando que todo ser humano puede lograr cambiar la actitud y con ello ver un panorama diferente para su propia vida. Ahora que llegaste a la conclusión de este libro, quiero que te pongas metas que te ayuden a pensar distinto sobre tu propia persona, que tengas más claro que mereces quererte y valorarte con mayor dedicación, que es necesario tomar acción a pensar también en ti y para ti. Es esencial que conozcas todo aquello de lo que eres capaz de hacer sin el miedo o la inseguridad.

Estoy segura de que, en una determinada página de este libro, quizás algún párrafo o frase te servirá de motivación, pero quiero decirte que es momentánea, termina en un rato. Lo idóneo consiste en que tengas convicción, seguridad, que tengas clara cómo es la forma en que deseas vivir, que estés realmente convencida, pues la convicción no es pasajera.

Todas las decisiones que tomamos son determinantes para tener un estilo de vida. Para sentirte mejor, liberada, alejada de culpabilidades e inseguridades no hay más opción que trabajar en todos los sencillos, pero valiosos consejos que te he compartido. Empieza dando pasos pequeños, pero seguros, y luego realizarás cada vez cosas más grandes, cuyos resultados maravillosos te sorprenderán. Recuerda que, al terminar una acción, en consecuencia, se genera una reacción que dependerá de la decisión que hayas elegido.

Mujer, analiza tu vida, mírate en un espejo, piensa si realmente puedes sonreír durante el día o si estando despierta puedes disfrutar de la creación de Dios. Todos los días pregúntate si estás dispuesta a hacer cambios que logren cambiar todo aquello que te afecta, todo aquello que no te permite ser tú misma, lo que te impide ser la mejor versión de ti.

Olvídate de tu edad y deja atrás ese pensamiento negativo de que eres muy mayor o que es demasiado tarde para lograr una meta o un sueño. Siempre estarás a tiempo mientras puedas respirar, porque de todas maneras el reloj sigue avanzando. La vida del ser humano tiene una individualidad. Aunque compartas tiempo con alguien más, alimenta, cuida, protege y ayuda a esa parte de tu ser. Tienes el poder de concretar todo lo que tu cerebro sueñe porque, te repito, eres la conductora de tu vida y de tus pensamientos.

Mujer, recuerda que, si ya sufriste la ruptura de una relación o estás pasando por esa etapa recientemente, no te dejes vencer por la dependencia o el miedo. Enfrenta la vida con tus propios medios. Aléjate de una vida llena de dudas e infelicidad, donde evitas arriesgarte, te victimizas y sigues creyendo en que necesitas a alguien que deba resolver tus problemas, tal como esa pareja que no te valoró en su momento.

Tú, mujer, todas las que ahora leen mi libro, son mi inspiración. Ha valido mucho la pena ocupar mi tiempo para concluir esta obra y así compartirles las palabras más transparentes y de ayuda que salen de lo más íntimo de mi ser con todo el cariño. Asimismo, deseo que aquellas les faciliten la llegada de una chispa de luz a su mente con el fin de que esclarezcan sus ideas. Espero ser yo una verdadera motivación para que empiecen a ser ustedes mismas con sus sueños, sus decisiones, sus nuevas iniciativas. Mi mensaje es para mujeres y hombres con ganas de vivir.

Todo ser humano que está en busca de un crecimiento personal debe modificarse, reinventarse para que nada se repita. En esta vida no hay un mejor proyecto que trabajar que tu propia persona, así sabrás el tipo de vida que mereces para que trabajes por ello sin mirar atrás y sin pensar en el que dirán. Reconozco que todo lo nuevo, lo que se hace por primera vez, da miedo, pero vale más el resultado de una acción ejecutada para tu ayuda que cualquier miedo que esté de por medio. Todos hemos pasado por malos momentos y tenemos quizá recuerdos de malas experiencias. No obstante, de ahí se pueden crear oportunidades para crecer y aprender. Claro, depende de la manera que lo dirijas.

Llegado el momento en que te quieras y creas en ti, difícilmente te dejarás vencer por cualquier persona con intenciones de manipularte o de que impida tu crecimiento y madurez. Quizás al comenzar a trabajar en tu persona te parezca algo tonto, ridículo o inútil, incluso pensarás que esto no es para ti, pero déjame decirte que todo tendrá sentido más adelante cuando notes una transformación palpable, tanto exterior como interior. Si tienes las ganas de crecer por dentro también tu aspecto físico lo refleja. Ten muy presente que la vida es solo un instante, es muy corta como para lamentarse y esperar que un milagro ocurra. Basta con que te pongas las pilas y luches por todo aquello que tu mente puede imaginar.

En muchas ocasiones no entendemos la palabra *éxito* y pensamos que es exclusiva de aquellos que tienen dinero o un nivel académico elevado, pero no es así. El éxito comienza desde el momento en que decides ser tú misma. Al ocurrir eso se inician cambios, se presenta el hambre de saber aquello que no era posible cuando dudabas de ti. No hay nada mejor que experimentar la paz interior.

Al dudar de tu persona, revelas al mundo tus limitaciones, evitas que te conozca, pues miran lo que dejas que vean; nadie puede estar sobre tus pensamientos y sueños. Todo es cuestión de ser tú. De esta forma todas tus capacidades y habilidades se exteriorizan. Y reitero: no te acostumbres a lo que no te hace sentir feliz, no lo hagas. De lo contrario creerás que eso es lo que mereces. Vivimos lo que atraemos. Si por nada trabajamos, nada llegará a nuestras vidas. El temor determina lo que hacemos. Sé que habrá personas que te critiquen o te juzguen por buscar un cambio, por ver que realizas cosas distintas para estar mejor contigo misma, pero mi consejo es: ignóralas. Es gente tóxica que no aporta valor a tu existencia... ¡mándalos al carajo! Recuerda que no a todos los que nos rodean les agrada verte feliz ni que te superes.

La vida te ofrece un abanico de oportunidades que posiblemente no has visto por estar más preocupada por lo que sientes y por lo que dirán los demás. En ese breve episodio que te compartí, cuando de adolescente evitaba decir «NO», me quedaba con una sensación incómoda: me sentía manipulada. La verdad, muchas veces me enojé conmigo misma por no permitirme externar una negativa en un momento determinado.

Después me cansé de mí misma, pues tomaba el camino más fácil para quitarme de complicaciones. Me cansó esa actitud y llegó el tiempo en que me dije: «Esto no puede ser posible». De hecho, no recuerdo con precisión las primeras veces que empecé a decir «no» cuando en realidad lo sentía. Y al hacerlo me sentí liberada y con el derecho de decidir sobre diversas

Aprende a conquistarte

situaciones. También noté la diferencia de hablar por mí. Lo dicho parece simple, pero al ubicarte en una situación donde la opción de decidir te la da algún familiar o alguien que te brinda ayuda, te hace sentir entre la espada y la pared porque quisieras decir ese «NO». Sin embargo, a su vez sientes que puede ser desagradable para la otra persona escuchar la negativa. Aquí la clave consiste en ser sincera contigo y no pensar tanto en complacer a los demás, sacrificando tu propio desacuerdo.

Repito: hay gente a la que no le gusta verte crecer ni que sepas más, porque así sabrían que están incapacitados para decirte qué hacer o no. Creo que la perspectiva anterior debería ser distinta, es decir, en lo personal me gusta aprender de todo. Admiro a muchas personas y no imagino un mundo cuya humanidad posea el mismo nivel de conocimiento, de experiencia. Si eso fuera así, no necesitaríamos de nadie. La vida está diseñada de forma perfecta y es mejor saber conducirnos sobre ella. Procura tener claro que si estás aquí no es por casualidad: es porque tienes un propósito por cumplir.

Ser tú misma es la llave al éxito en tu crecimiento personal. Al asumir esa actitud se empiezan a desarrollar todas tus habilidades que tienes y que no habías externado por temor.

Elizabeth Bastida

Made in the USA
Las Vegas, NV
07 August 2025

25941291R00049